企业合规建设读本

全国普及法律常识办公室 组编

中国法制出版社
CHINA LEGAL PUBLISHING HOUSE

前言

习近平总书记强调，国企、民企、外企都要依法合规经营。①2021年6月，中共中央、国务院转发的《中央宣传部、司法部关于开展法治宣传教育的第八个五年规划（2021—2025年）》明确指出："深化依法治企。深化'法律进企业'，落实经营管理人员学法用法制度。加强企业法治文化建设，提高经营管理人员依法经营、依法管理能力。推动企业合规建设，防范法律风险，提升企业管理法治化水平。"该规划将"企业合规建设"列为全国"八五"普法专项之一。

企业核心竞争力的不断提升，是企业实现高质量发展的关键；而企业的规范化管理，则是提升企业核心竞争力的基础和前提。合规管理体系基于合规风险防控而确立，是企业进行规范化管理的必然要求，也是我国经济社会实现更高质量发展的现实需求。企业之所以要建设合规管理体系，目的在于让企业"活下来、留得住、经营好"，有效的合规管理可以增强企业风险管控能力，保障企业可持

① 习近平：《当前经济工作的几个重大问题》，载《求是》2023年第4期。

续健康发展。为了贯彻落实企业合规建设，加快提升依法合规经营管理水平，针对企业合规建设中的常见法律问题，全国普及法律常识办公室组织编写了《企业合规建设读本》。本书以国有企业、民营企业等企业的合规管理工作实践为基础并加以总结，从合规、合规风险、合规管理的概念入手，围绕概念阐释、制度体系建设、管理体系建设、责任体系建设、文化建设、评估评价、持续改进七个方面的重点内容进行论述，期望为读者提供有益借鉴，使读者进一步认识到企业合规的重要意义，进而提升企业的合规管理意识，协助企业行稳致远、基业长青。

本书由北京大学法学院陈瑞华教授、中国大唐集团有限公司、北京市兰台律师事务所及企业合规方面的专家参与编写或审读，国务院国资委政策法规局对本书的内容进行了认真审核，提出了宝贵意见。由于编者水平有限，不足之处，在所难免，还请广大读者批评指正！

目录

第一章　企业合规的概念阐释

第二章　企业合规制度体系建设

第三章　企业合规管理体系建设

第四章　企业合规责任体系建设

第五章　企业合规文化建设

第六章　企业合规建设的有效性评价

第七章　企业合规建设的改进

第一章

企业合规的概念阐释

企业合规不是新鲜事物，仅国内而言，从 2006 年商业银行领域提出了合规管理要求，至今已近 17 年；即便从 2018 年，中央企业提出合规管理，进而成为业内热门话题开始算，至今也有 5 年。对于如何理解企业合规，涉及哪些领域的合规，可以采用哪些模式，很多人还是一知半解。到底什么是企业合规，企业合规的概念应当如何展开才便于大家理解，是本章首先需要解决的问题。

本章第一节从“企业合规”概念出发，通过“直接定义法”和“间接对比法”两种方式，对“合规”进行了刨根问底式的拆解，并尝试对“合规”“内控”“风控”“内审”等概念的区别和联系进行分析。本章第二节在“企业合规”概念已经释明的基础上，通过规范的时间脉络梳理、领域侧重梳理、最新规范文件分析等方式，加深和强化“企业合规”的全貌，尽可能多地将“企业合规”所呈现的样貌通过规范梳理的方式呈现。此外，本章第三节则尝试将实践中大量企业已经采取的合规管理、合规管理体系建设模式进行一个简要的介绍和分析，便于读者形成合规管理体系建设的初步印象，也便于本书后面内容的深入和展开。

第一节 企业合规的概念界定

从字面上来看，“合规”具有“合乎规定”的意思，“合规”在英文中的表述是 compliance。明晰一个概念或者解释一个事物，常见有两种方式：“直接定义法”和“间接对比法”，本书尝试采用这两种方式，对“合规”这一概念进行剖析。

一、“合规”概念的直接定义法

“直接定义”，就是对于一种事物的本质特征或一个概念的内涵和外延所作的简要说明，以“公司”为例，《中华人民共和国公司法》（以下简称《公司法》）第 2 条规定，本法所称公司是指依照本法在中国境内设立的有限责任公司和股份有限公司。复言“合规”的概念，“合规”一共由两个字组成，其中“合”很好理解，就是“符合、遵守、遵循”的意思。“规”的含义，相对比较复杂，目前理论和实践中存在“三层含义说”“四层含义说”，甚至“多重含义说”等多种理解，仅就本书而言，“规”主要包括如下几种含义：一是企业在运营过程中要遵守法律法规规章及其他规范性文件；二是企业要遵守商业行为守则和企业伦理规范；三是企业要遵守自身所制定的规章制度。

“规”的第一层含义即遵守“法律法规规章及其他规范性文件”，并不限于《中华人民共和国立法法》（以下简称《立法法》）第2条[①]所规定的范畴，实践中企业还需要遵守的，或者说和企业发生更为直接、密切关系的往往是行政规范性文件、政策指引甚至是意见通知。例如，国务院国有资产监督管理委员会于2021年发布的《关于加强中央企业融资担保管理工作的通知》（国资发财评规〔2021〕75号）规定："三、严格限制融资担保对象。中央企业严禁对集团外无股权关系的企业提供任何形式担保。原则上只能对具备持续经营能力和偿债能力的子企业或参股企业提供融资担保"，严格意义上看，也不属于《立法法》所称"法律法规"的范畴，但是在合规的语境下，也是"规"的核心要义之一。在新时期，值得注意的是，企业应当更加具有国际视野，关注国际条约的拘束力（如2022年1月1日《区域全面经济伙伴关系协定（RCEP）》正式生效，我国将全面履行所有承诺和义务），以及境外监管机构的"合规"审查。

"规"的第二层含义即遵守"商业行为守则和企业伦理规范"，按照企业伦理学的一般原理，"商业行为守则和企业伦理规范"对内包括工作伦理、经营伦理等；对外包括客户伦理、社会伦理、社会公益等。本质上类似于社会伦理规范，其核心要义基本与《中华人民共和国民法典》（以下简称《民法典》）涉及的基本原则包括平等原则、意思自治原则、公平原则、诚实信用原则、公序良俗原则以及绿色原则等一脉相传，实践中有很多行业协会、企业在前述基本原则、抽象规则的基础上，有进一步系统化、规范化的要求，诸如《××基本法》《××行业自律规范》《××集团诚信三十条》《绿色××指引三十条》等。

---

① 《立法法》第二条规定，法律、行政法规、地方性法规、自治条例和单行条例的制定、修改和废止，适用本法。国务院部门规章和地方政府规章的制定、修改和废止，依照本法的有关规定执行。

“规”的第三层含义即遵守“企业自身所制定的规章制度”，这个层次的合规要求往往是很多企业容易忽略的，企业在开展合规管理工作或者合规管理体系建设工作时，往往重视所谓“外规”“处罚”“责任”等问题，而常常忽视了企业自身的规章制度的合规性、有效性以及可执行性，使很多问题的处理，需要向“外”找依据、找答案、找方法，其实很多情况下，本是“内规”就可以解决的问题。加强企业“内规”的建设，逐步完善“外规内化”工作，形成严谨、完善的内部规章制度体系，其实是“规”的基础，也是“合规”的基础，更是“合规管理”工作开展的基础。

需要特别指出的是，《公司法》（2018 修正）第 19 条规定：“在公司中，根据中国共产党章程的规定，设立中国共产党的组织，开展党的活动。公司应当为党组织的活动提供必要条件。”这方面，有的地方已经作出了有益的探索。《天津市国资委监管企业合规管理指引（试行）》第 6 条规定党委会的合规管理职责主要包括：（1）全面领导、统筹推进合规管理工作；（2）推动科学立规、严格执规、自觉守规、严惩违规；（3）前置研究合规管理负责人人选、合规管理（牵头）部门设置；（4）对董事会、监事会和高级管理人员的合规经营管理情况进行监督；（5）对合规管理重大事项研究提出意见；（6）按照权限研究或决定对有关违规人员的处理事项。《中央企业合规管理办法》明确，坚持党的领导是中央企业合规管理应当遵循的原则，党的领导贯穿合规管理全过程。

二、“合规”概念的间接对比法

“间接对比法”并非直接给出定义，而是将与“合规”这一概念容易混淆或者常常相伴出现的其他一个或者几个概念介绍清楚后，通过对比，明确需要定义的概念的内涵和外延，同时达到加以区分的效果。

通过实践的观察，不难发现“合规管理”“合规管理体系建设”逐步成为当下热词，顺着“合规”的概念展开，要想进一步释明和厘清“合规”的概念，离不开与“内控管理”“风控管理”“内审管理”的对比。

为避免歧义，产生以偏概全的问题，本书本处的对比，也仅是从核心要素、主要表现形式等特定角度、特定方面进行对比，目的在于通过特点与特点、特性与特性的对比，较为直接地明确各个概念之间的差别，并非全面地对比，毕竟概念与概念之间既有差别也有联系，想要将几个概念完全区分开来，是一件不切实际的事。因此，本着“突出特点、明确差异、理解概念、片面对比”的原则，简要对比分析如下：

1. 内控管理

根据《企业内部控制基本规范》第 3 条的规定，内部控制是由企业董事会、监事会、经理层和全体员工实施的、旨在实现控制目标的过程。内部控制的目标是合理保证企业经营管理合法合规、资产安全、财务报告及相关信息真实完整，提高经营效率和效果，促进企业实现发展战略。

概括而言，内控管理是企业为保证经营管理活动正常有序、合法地运行，采取对财务、人力、资产、业务流程实行有效监管的系列活动。虽然内控管理具有“全面性原则”，但是其突出特点在于事前控制的范畴，企业通过制定有效的内控手册、制度、流程，预防和避免企业在具体的经营和管理活动中出现问题和错漏，集中体现为事前预防和事前控制。

如何进一步理解“事前控制”呢？举例而言，甲公司（作为买方）

打算与乙公司（作为卖方）签订一份采购合同，合同金额为人民币5000万元，系甲公司本年度最重要的一笔采购交易，那么针对这笔重要交易，从甲公司内部来看，需要履行什么样的流程呢？按照甲公司内部现行有效的《内控管理办法》关于审批授权的规定，首先需要由业务部门一线业务人员发起（业务人员发起）——其后经业务部门主管领导审批（一层授权审批）——经该业务部门分管副总经理审批（二层授权审批）——经公司总经理审批（三层授权审批）——由于该合同金额较大，还需要履行董事会审批程序（四层授权审批）。此外，如果甲公司系国有企业，可能还需要履行"三重一大"的党委会（党组织）前置研究讨论程序。本例中，甲公司履行了一系列的审批程序后，签订合同或者说开展交易这一事项是否已经开始履行了呢？其实并没有，甲公司履行了董事会决议的程序，出具了有效的《董事会决议》文件，截至此时，该合同仍未签订，仅就此时来看，甲公司履行的一系列内部审批行为，就是内部控制行为的一个典型，也体现了其"事前控制"的特点。

2. 风控管理

风控管理是指如何在一个肯定有风险的环境里把项目或者企业的风险降至最低的管理过程。风控管理是指通过对风险的认识、衡量和分析，选择最有效的方式，主动地、有目的地、有计划地处理风险，以最小成本争取获得最大安全保证的管理方法。

概括而言，风控管理的突出特点在于，主要用于事中进行分析评价，如实践中常常涉及的风险评价工作，其基本内容也是内部控制和制度流程相契合，业务过程的风险往往属于事中管控，即便存在事后分析风险也是为了更好地事中管控。风控管理的事前、事后功能，非本书此处所要讨论的要点，此处重点关注的是风险控制中的事中管控。

如何进一步理解"事中管控"呢？回到前文甲公司（作为买方）打

算与乙公司（作为卖方）签订一份采购合同的举例中来，甲公司经董事会审议通过，决定签署采购合同，其实非也，合同签订只是一个开始，此外还涉及合同履行过程中一系列的问题，如对方收到货款不发货怎么办？发货数量不足怎么办？数量足但是质量不符合合同约定或者国家标准怎么办？就此产生了争议出现了诉讼或者纠纷怎么办？这些都是合同履行过程中的风险，并且是事中风险，需要风控管理来妥善应对。

3. 内审管理

内部审计，是建立于组织内部、服务于管理部门的一种独立的检查、监督和评价活动，它既可对内部牵制制度的充分性和有效性进行检查、监督和评价，又可对会计及相关信息的真实、合法、完整，对资产的安全、完整，以及对企业自身经营业绩、经营合规性进行检查、监督和评价[①]。

内部审计通过系统化和规范化的方法，评价和改进风险管理与治理，有时也用于追责、问责。内部审计工作，往往发生在合规、内控甚至风控之后，是事后的确认与评估，属于事后审视范畴。

如何进一步理解“事后审视”？再回到前文甲公司（作为买方）打算与乙公司（作为卖方）签订一份采购合同的举例中来，如果采购合同履行完毕之后，双方相安无事，也没有产生争议事件，但是在甲公司上级集团公司对其内部审计的过程中发现，甲公司没有妥善履行董事会决议程序，或者董事会决议召开过程中有效表决人数不足、关联董事没有回避等情况，存在较大问题，应当予以追责问责，这就体现了内部审计事后审视的特点。

此外，内部审计的事后审视特点，是指内部审计往往是对已经发生过或者业已完毕的行为的事后审查，典型的实例还包括绩效审计、信息系统

---

① 杨书怀：《审计学》，安徽大学出版社 2008 年版，第 65~68 页。

审计等。

通过上述简要对比，“合规”与“内控”“风控”“内审”存在相对明显的差异，“合规”既不是“内控”，也不是“风控”，更不是“内审”，读到这里的疑问可能是：“间接对比法”不是介绍“合规”的概念吗？怎么把其他几个概念进行了介绍，没有写到底什么是“合规”，这需要在以下内容中进行分析了。

三、企业合规概念与相关概念的关系

“间接对比法”指出了“合规”与几个相关概念之间的主要差别，但是“合规”为什么常常与这几个概念相伴出现，“合规”的概念在“间接对比法”项下到底是什么，需要先解决另一个问题，即合规与几个相关概念的关系。如果用一条线或者一个图将前述几个概念联结起来，可能呈现出这样的一个关系，如图 1.1 所示。

合　　规
内控管理——风控管理——内审管理

图 1.1　合规与相关概念的关系

那么在上述的图示中，“合规”究竟处于什么位置呢？这就是本书尝试提出的核心观点之一：“合规无处不在。”内控离不开合规，内部控制流程、内控管理措施往往是依据企业的内部规章制度设立，其中主要是依据《内控管理手册》《授权管理办法》（这其实是“合规”的“规”中的第二层含义）；风控管理需不需要合规，答案也是肯定的，回到前述甲公司的案例，在采购合同签订、履行过程中，想要控制风险必然会涉及《民法典》合同编的规定，涉及诉讼争议解决的还可能涉及《中华人民共和国民事诉讼法》的规定（这其实是“合规”的“规”中的第一层含义）。是不是就不涉及内部审计了呢？当然不是。仅就财务审计工作而言，必然要涉及遵守企业会计准则项下的相关规定（这其实是“合规”的“规”中的第一层含义）。

“合规无处不在”也体现了合规管理是基础的这一基本原则，合规管理是内控管理、风控管理、内审管理的首要基础；风控管理是合规管理、内控管理、内审管理的最终目标；内控管理是合规管理、风控管理、内审管理的重要保障。

合规管理如此重要，是不是只要做好了合规管理，就可以避免企业涉及的一切风险，做到高枕无忧了呢？答案是否定的，这就有必要再强化一个概念——各类“风险”的层次关系，如图 1.2 所示。

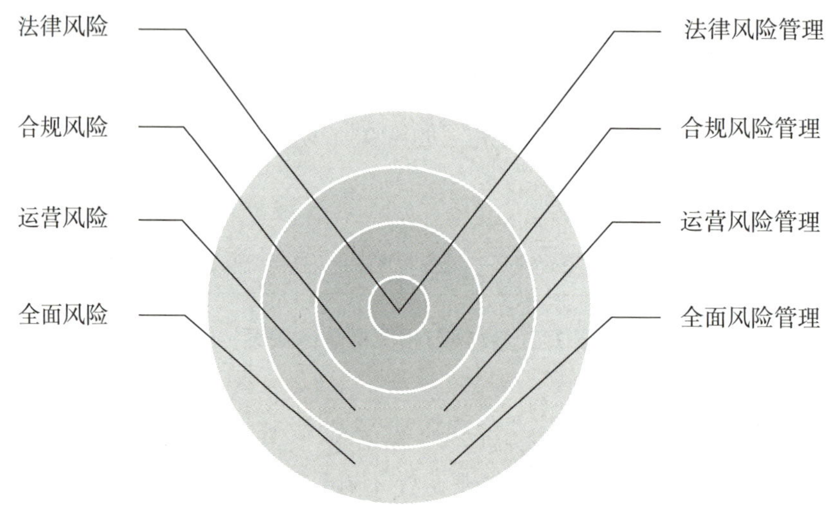

图 1.2　企业在经营活动中可能涉及的风险及风险管理

在最中心、涵盖范畴最小的是“法律风险”，也即企业违反法律法规所面临的风险。“法律风险”之外，就是“合规风险”。“合规风险”的范畴大于“法律风险”，这其实也好理解，毕竟“符合法律法规”，仅是“合规”的第一层含义，“合规”还有其他两层含义。“合规风险”之外，还有商业风险，很多企业的经营行为，本身没有违法违规，但是因为市场的变化与风险，最终也可能导致企业遭受损失。“运营风险”之外最大的范畴，就是“全面风险”，是指企业在经营管理过程中，可能遇到的一切风险，是一个全集的概念。

厘清各类“风险”的层次关系当然十分重要，但更需要予以关注的是“合规风险”所处的位置和态势，明确对待不同层次风险的态度。对企业而言，可以充分把控或者避免的一般是“法律风险”“合规风险”，也可以尝试努力降低或者避免“运营风险”。

第二节　企业合规的规范梳理

一、规范梳理的时间脉络

2006 年 10 月，原中国银行业监督管理委员会参照巴塞尔银行监督管理委员会发布的《商业银行合规风险管理指引》，要求银行及分支机构建立合规管理制度，原银监会批准设立的其他金融机构可以参照设立合规管理制度。

2007 年 9 月，原中国保险监督管理委员会发布《保险公司合规管理指引》（已于 2017 年 7 月被《保险公司合规管理办法》替代），要求各保险公司建立合规管理制度。

2008 年 8 月，中国证券监督管理委员会发布的《证券公司合规管理试行规定》(已于 2017 年 10 月被《证券公司和证券投资基金管理公司合规管理办法》替代，并于 2020 年修订)，要求境内设立的证券公司应当实施合规管理。

2014 年 12 月，国务院国有资产监督管理委员会发布的《关于推动落实中央企业法制工作新五年规划有关事项的通知》，要求力争再通过五年进一步深化企业法律风险防范机制、法律顾问制度和法律工作体系建设，进一步提升合规管理能力和依法治企能力。

2015 年 12 月，国务院国有资产监督管理委员会发布的《关于全面推进法治央企建设的意见》，要求中央企业加快提升合规管理能力，建立由总法律顾问领导，法律事务机构作为牵头部门，相关部门共同参与、齐抓共管的合规管理工作体系，研究制定统一有效、全面覆盖、内容明确的合规制度准则，加强合规教育培训，努力形成全员合规的良性机制。探索建立法律、合规、风险、内控一体化管理平台。

2018 年 11 月，国务院国有资产监督管理委员会发布《中央企业合规管理指引（试行）》，要求中央企业建立健全合规管理体系。

2018 年 12 月，国家发展和改革委员会等七部门发布《企业境外经营合规管理指引》，对于中国企业在境外经营中的合规管理问题确立了基本标准和体系。

2018 年开始，各省市陆续发布了本省市的合规管理指引。

2021 年 4 月，《合规管理体系 要求及使用指南》正式发布，我国正在结合该标准对国家合规管理体系标准进行完善。

2021 年 6 月，最高人民检察院联合其他八个部门发布《关于建立涉案企业合规第三方监督评估机制的指导意见（试行）》，对涉企犯罪案件的企业合规承诺进行调查、评估、监督和考察，考察结果作为人民检察院依法处理案件的重要参考。

2022 年 8 月 23 日，国务院国有资产监督管理委员会发布《中央企业合规管理办法》，在总结中央企业过去三年合规管理经验的基础上，从顶层设计角度形成了效力等级更高、体系更完善、制度衔接性更好的中央企业合规管理监督规范。

仅就国有企业视角而言，简要梳理合规规范情况如表 1.1 所示。

表 1.1 合规规范表

施行年度	主要发布部门	制度名称
2015	国务院国有资产监督管理委员会	关于全面推进法治央企建设的意见
2018	国务院国有资产监督管理委员会	中央企业合规管理指引（试行）
2018	国家发展和改革委员会等	企业境外经营合规管理指引
2022	国务院国有资产监督管理委员会	中央企业合规管理办法
地方层级指引		
2019	地方国有资产监督管理委员会	上海市国资委监管企业合规管理指引（试行）
2019	地方国有资产监督管理委员会	重庆市市属国有企业合规管理指引（试行）
2019	地方国有资产监督管理委员会	重庆市市属国有企业境外经营合规管理指引（试行）
2019	地方国有资产监督管理委员会	（江苏省）省属企业合规管理指引（试行）
2019	地方国有资产监督管理委员会	（山东省）省属企业合规管理指引
2020	地方国有资产监督管理委员会	广东省省属企业合规管理指引（试行）

续表

施行年度	主要发布部门	制度名称
2020	地方国有资产监督管理委员会	（江苏省）省国资委关于在部分省属企业开展合规管理试点工作的通知
2020	地方国有资产监督管理委员会	（内蒙古自治区人民政府国有资产监督管理委员会）关于建立企业合规管理体系的指导意见
2020	地方国有资产监督管理委员会	成都市属国有企业合规管理指引
2020	地方国有资产监督管理委员会	广州市市属企业合规管理指引（试行）
2020	地方国有资产监督管理委员会	青岛市国资委监管企业合规管理指引（试行）
2021	地方国有资产监督管理委员会	天津市国资委监管企业合规管理指引（试行）
2021	地方国有资产监督管理委员会	（徐州市）市属企业合规管理指引（试行）

二、规范梳理的意义

1. 规范梳理在合规管理研究上的意义

通过对企业合规管理涉及的核心法律法规、监管规范的梳理，一方面可以明晰合规管理规范的发展脉络、发展阶段和发展方向；另一方面可以认识合规管理从初级到高级，从点到面，从探索到完善的过程，有助于企业进一步加深对合规管理的理解，同时，历史性梳理本身也具有价值。

2. 规范梳理在企业合规管理实施上的意义

要使企业在经营管理过程中避免出现违法违规问题，从合规管理角度而言，对企业最基本的要求就是要知道“什么是规，规在哪，有什么要求”，也即了解、熟悉、研判国家的法律、法规以及国家政策。既不要出现企业表面看似合规、没有出现合规风险，实则已经违反了法律法规的情况，也不要发生所从事的行业、领域，具体业务所涉及的法规、政策、规范已经出现较大变化却浑然不知的情况。

清楚认识“外部监管（外规）”的两个层次，是规范梳理助力企业合规的前提条件。对于企业本身而言，严格意义上的“外部监管（外规）”，既包括企业所处的国内监管形势，也包括全球化下的国外监管形势，应当充分关注两个层次的自身特点和不同表现形式，力争做到“内外有别、由内到外、内外协调”。

聚焦研究“外部监管”涉及的国内监管规范，这是规范梳理助力企业的首要基础。目前，我们面临着较为严峻和复杂的国际、国内政治和经济环境。同时，随着新政策、新趋势、新产业的涌现，新能源、平台经济等产业的兴起，法律、法规、监管准则的不断修订、出台、迭代，更是对企业各项经营管理行为产生了深远的影响。

重点关注“外部监管”涉及的国外监管规范，这是规范梳理助力企业的关键要素。当今世界正经历百年未有之大变局，外部环境复杂严峻，不稳定性不确定性明显增加，各类风险不容忽视。

企业参与国内、国际竞争，将面对更为复杂的政策、法律、法规环境，一些国家和地区政策法律环境和市场监管更为严格，特别是在美欧等国的特殊规制等重大危机挑战面前，企业既要有应对和化解风险挑战的高招，更要有防范风险的先手，要积极做好各项工作准备，一方面提高化危为机的能力，另一方面强化隐患预防的技能，这就要求企业必须强化规范梳理，进而助力企业走得稳、走得顺、走得远。

三、规范梳理的热点领域

承前文所述，规范梳理其实并非局限于以“合规管理”为关键词的规范梳理，更重要的或者更需要关注的其实是具体行业领域、业务领域的规范梳理，如某企业A从事民办教育行业，那尽可能地梳理完善与教育、民办教育等相关的法律法规就是极为必要的；某企业B从事电子商务行业，那尽可能地梳理完善与电商合规、数据合规、广告合规等相关的法律法规就是理所应当的。

这样有针对性地规范梳理和不断更新迭代，对企业的经营管理活动才更加具有指引和指导作用，这样的规范梳理也是企业形成合规风险库、合规管理义务清单或者类似文件的基础。

1. 内控体系

企业的税务合规风险主要体现为财务内控体系残缺，疏于对交易审批与交易涉税环节的把控。企业依法纳税意识不足或抱有侥幸心理，在企业运营过程中存在逃税、虚开发票、伪造发票等违法犯罪行为，可能会触及刑事犯罪，如逃税罪、虚开增值税专用发票罪、伪造增值税专用发票罪等。

除上文所述的财务税收领域外，根据《中央企业合规管理办法》的相关规定，中央企业应当针对反垄断、反商业贿赂、生态环保、安全生产、劳动用工、税务管理、数据保护等重点领域，以及合规风险较高的业务，制定合规管理具体制度或者专项指南。同时，企业还应当关注其他重点领域、热点领域、新兴领域等。

2. 劳动用工

企业运行离不开劳动者，劳动用工是否规范、劳动合同签署是否基于双方真实合意且符合法律规定、劳动报酬是否如约按期支付、是否存在“假外包、真派遣”等问题是企业用工避不开的合规环节。企业一旦未遵守劳动法律、法规的规定，可能会被追究民事赔偿责任，如支付违法解除劳动合同赔偿金、承担民事侵权责任等，甚至可能触及刑事犯罪，如拒不支付劳动报酬罪、强迫劳动罪、强令违章作业罪等。

当今社会催生出“共享用工”这一新型用工模式。《人力资源社会保障部办公厅关于做好共享用工指导和服务的通知》认可“共享用工”的合法性，其在保障企业用工紧缺、减轻待复工企业用工成本、提升人力资源配置效率等方面发挥积极作用。“共享用工”或将成为常态化的用工模式，企业在进行“共享用工”时，要明确企业间用工责任，保护劳动者合法权益，积极防范“假共享、真派遣”等问题。

3. 信息安全

大数据时代，国家、企业和个人的信息受到严重威胁，任何人都有可能成为“透明人”。企业应当对涉及业务伙伴和客户的业务进行自查，注重信息采集的合法、合规性，建立更加严格的内控体系。

《中华人民共和国个人信息保护法》（以下简称《个人信息保护法》）于2021年11月1日生效，其中明确规定不得过度收集个人信息，不得非法买卖、提供或者公开他人个人信息，不得进行“大数据杀熟”等。该法开启了我国个人信息全面监管的新局面，企业应当加强对个人信息保护领域的合规管理工作，避免违反《个人信息保护法》。

《中华人民共和国刑法》（以下简称《刑法》）有关侵犯公民个人信息罪、非法侵入计算机信息系统罪、破坏计算机信息系统罪的设立及相关司法解释，《中华人民共和国网络安全法》有关网络信息安全的规定，以及工信部、网信办等制定的一系列部门规章，共同形成信息安全法律保护链，予以强有力的保护。

第三节　企业合规的模式分类

企业合规业务管理模式是企业结合内外部环境，形成的对合规业务的具体要求。根据目前我国企业合规管理的实践经验，理论上和实践中提出了四种合规管理的实施模式。①

一、合规管理一般性模式分析

（一）合规前置模式

1. 模式概括

合规前置，是指将合规管理职责落实在一线业务部门，将合规要求根据不同的业务特点及开展状态进行分拆，将业务开展作为风险控制的第一步。

为增强在合规前置模式中一线业务部门对合规风险控制的主动性，

---

① 王殿祥、吴强、肖永波：《新常态下证券公司风控合规管理模式选择研究》，载《证券市场导报》2017 年 1 月 10 日。对于企业合规管理的模式分类，不同专家从不同视角进行了阐释，如刘金辉认为，“合规管理包括五种模式，即直查直办模式、专项治理模式、异体联合模式、巡察监察模式、纪检监察模式”，参见刘金辉：《实施合规管理“五模式”》，载《企业文明》2019 年第 10 期；陈瑞华认为，“有效合规管理的两种模式包括日常性合规管理和合规整改，日常性合规管理是指企业在行政监管部门的指导和监督下，以预防相关合规风险为主要出发点，建立常态化的合规管理体系；合规整改是指企业在行政机关、司法机关的执法压力下，或在国际组织采取制裁措施的情况下，以减轻处罚或者取消制裁为目标，针对业已暴露的违法、违规或犯罪行为，采取有针对性的合规整改措施”，参见陈瑞华：《有效合规管理的两种模式》，载《法制与社会发展》2022 年第 1 期。

企业需要通过相应规章制度的建立，确立一线业务部门是风险的首要责任主体，具体业务经办人是风险的直接责任主体等。

在具体操作上，企业可采取从事前到事后的合规风险评估与监督管控方式。事前，由一线业务部门进行合规风险识别与评估；事中，由一线业务部门及时发现合规风险点主动控制各类风险，再由风控合规部门进行监督、管控；事后，由风控合规部门对一线业务部门的合规管理工作进行检查、评价，进行合规持续性的改进与完善。此外，企业涉及的审计、监察部门往往作为最后一道防线，开展考核、问责、追责工作，对合规风险管理工作的有效性进行最终的认定，确保合规风险管理工作的各项要求可以被落地实施。

2. 模式适用

合规前置模式需要将合规风险控制的重心落实在一线业务部门。因此，该模式主要适用于业务相对独立的业务部门。在合规业务管理的开展过程中，一线业务部门一般存在以下问题：（1）一线业务部门和岗位人员合规风控意识淡薄，只进行项目操作与实施而忽视对项目本身合规风险的把控；（2）由于企业业绩要求，一线业务部门往往过于注重岗位员工业务开拓能力，容易忽视合规风险管理能力；（3）相关合规风险管控职责不明确，风控合规职责既没有作为一线业务部门的职责之一，也没有被纳入考核指标，履职有效性不足。

因此，在采用合规前置的业务管理模式时为应对上述三类问题，企业需做到：（1）加强企业合规文化的建设与人员培训，确保合规理念深入人心；（2）建立业务部门合规绩效考核，促进业务部门合规风险管理能力提升；（3）制定企业合规专门规章制度，明确一线业务部门岗位员工合规风险管控职责，确保合规管理业务到人，实现合规管理工作有效前置。

3. 模式分析

相较于合规风控重心后移的管理模式，合规前置模式能减轻风控合规部门的工作压力，避免风险隐患的累积，及时进行合规风险控制。同时，合规前置模式原则上不要求企业建立较为完善的组织、人员充足的专职合规管理部门，对于处于初创期、成长期的小微企业，特别是民营小微企业较为适用。

（二）专职风控合规管理模式

1. 模式概括

专职风控合规管理模式，即由专职部门承担企业风控合规管理专门工作，企业需要做到建立相应的隔离机制，保证部门独立与人员独立。①即风控合规部门相对业务部门保持独立，风控合规人员相对业务人员保持独立。为确保该模式切实可行，有效保证合规业务的独立性，以及有效控制企业生产经营中的合规风险，企业须确保风控合规部门管理、报告路径的独立，以及风控合规人员管理与报告路径的独立。同时，专职风控合规管理模式通过建立专人专岗机制，在业务管理部门、分公司、下属子公司设专职风控合规管理人员，并给予其充分的权限，专职负责风控合规管理工作。

2. 模式适用

该风控合规管理模式主要适用于条线管理的企业，具体可针对以下问题加以应用。

企业基础管理体系建设不健全，内部管理机制存在欠缺。具体表现为在企业制度建设和流程管理中，未明确自查自检工作流程与职责，导

---

① 王殿祥、吴强、肖永波：《新常态下证券公司风控合规管理模式选择研究》，载《证券市场导报》2017 年 1 月 10 日。

致企业不能主动发现生产经营中的问题并解决。

风控合规管理岗位职责无法有效履行。其一，风控合规管理岗位人员专业水平和技能有限；其二，业务人员故意绕开风控合规管理开展业务，导致风控合规管理人员不知情而无法有效履职。

3. 模式分析

专职风控合规管理模式对企业管理提出了较高要求，要求企业具有较为完善的基础管理体系与内部管理机制，同时也需要保证风控合规管理人员履职有效性，对于处于发展期、成熟期的中大型企业，特别是民营中大型企业较为适用。

（三）合规委员会模式

1. 模式概括

通过设立合规委员会施行集中化决议，对企业生产经营管理中合规重大事项、重点项目进行集体审议、表决，提出风险管理和内部控制建议，统筹协调合规管理工作，推进合规重点难点问题解决。合规委员会按照一事一议制度进行相关事项审议，由合规部门负责人对上述重大事项、重点项目进行陈述，合规委员会各委员与会审核、讨论后，采取合理的表决方式进行决策。

合规委员会可由企业高管、中层管理人员及专业技术人员组成，如由首席风险官、合规总监、业务分管领导、业务部门和风控合规部门骨干组成，若遇复杂疑难合规问题可聘请外部专家参与讨论与决策。

2. 模式适用

合规委员会模式基于其集中化决议的特性，适用于企业顶层层面对重大合规问题的发现与解决，实现企业层面对重大合规风控事项的把控。

3. 模式分析

合规委员会在制度建设时，首要考虑的便是其相对业务部门的独立性，作为企业内部独立的合规风控管控机构存在，以便更为客观、独立、全面地评价企业生产经营中面临的合规风险。同时，合规委员会的人员构成与议事规则，决定其对企业合规风险把控具有全局性与重要性，能从企业整体角度决议相关业务合规风险事项，以确定该合规风险对企业整体的影响。合规委员会模式要求企业具有高度完善的管理体系与内部管理机制，保证决策有效作出与实施，对于处于成熟期的集团型大型企业，特别是央企、大型国企及民营大型企业较为适用。

（四）合规集中化模式

1. 模式概括

合规集中化模式的建立以风险管控为核心，将企业建立实时风险监控管理体系作为制度重点，以风控合规部门为职责承载主体，根据企业业务具体特征设置风险偏好与风险限额的风险管理架构。为实现这一风险管理架构，在具体操作路径上预先构建风险控制指标体系，搭建覆盖企业业务类别的信息化平台，以量化方式对不同业务不同类型的合规风险进行把控与管理。

2. 模式适用

该模式主要适用于在人才储备、系统建设、管理方法和工具使用等方面具有较好基础，信息数据有较多积累、信息化建设较为完善的中大型企业。

3. 模式分析

通过风控合规管理平台能够实现各类风险的集中统一管理，以数据化方式把各类单一的业务数据进行归集和提炼，用以衡量企业整体层面的合规风险敞口，从而集中化管控不同业务合规风险信息。

从风险预防与管控角度出发，该模式可将风险管理专业化、精细化。通过数据化平台的支撑，实现对各类业务信息的全面收集和分析。而合规风险计量模型在企业内部的广泛应用，企业合规管理团队能够借助上述数据信息实现专业化分工和整体协作，企业整体风险管理效能得到充分释放。

二、央企与地方国企的合规体系建设模式

随着我国对外开放程度进一步加深，“一带一路”合作全面深化，我国越来越多的企业选择走出国门参与世界范围内的市场竞争。更多企业认识到合规关乎企业的生死存亡，合规为企业创造价值。“四位一体”“五位一体”，甚至“多位一体”的管理架构是未来中央企业与地方国企搭建合规体系建设的发展趋势。

（一）“四位一体”合规体系建设模式

1. 形成基本的合规原则

树立企业合规体系建立的四个原则。中央企业在进行合规体系建设时，需要注意以党的领导原则、全面覆盖原则、权责清晰原则、务实高效原则这四个原则为基础进行建设与完善。其中，党的领导原则，要求充分发挥企业党委（党组）领导作用，落实全面依法治国战略部署有关要求，把党的领导贯穿合规管理全过程。全面覆盖原则，要求将合规要求嵌入经营管理各领域各环节，贯穿决策、执行、监督全过程，落实到各部门、各单位和全体员工，实现多方联动、上下贯通。权责清晰原则，要求按照“管业务必须管合规”要求，明确业务及职能部门、合规

管理部门和监督部门职责，严格落实员工合规责任，对违规行为严肃问责。务实高效原则，要求建立健全符合企业实际的合规管理体系，突出对重点领域、关键环节和重要人员的管理，充分利用大数据等信息化手段，切实提高管理效能。

2. 形成基本的合规架构

首先，需要建立“两个制度”，也即健全合规管理制度与合规报告制度，具体包括：建立健全合规管理基本制度和具体制度，制定全员普遍遵守的合规行为规范，针对重点领域制定专项合规管理制度，并根据法律法规变化和监管动态，及时将外部有关合规要求转化为内部规章制度。建立合规报告制度，发生较大合规风险事件，合规管理牵头部门和相关部门应当及时向合规管理负责人、分管领导报告。

同时，围绕“两个制度”形成“四类机制”。围绕合规管理流程，需要企业建立并完善合规风险识别预警机制、合规审查机制、违规行为处罚机制以及合规培训机制。

建立合规风险识别预警机制，全面系统梳理经营管理活动中存在的合规风险，对风险发生的可能性、影响程度、潜在后果等进行系统分析，对于典型性、普遍性和可能产生较严重后果的风险及时发布预警。建立健全合规审查机制，将合规审查作为规章制度制定、重大事项决策、重要合同签订、重大项目运营等经营管理行为的必经程序，及时对不合规的内容提出修改建议，未经合规审查不得实施。完善违规行为处罚机制，强化违规问责，明晰违规责任范围，细化惩处标准。畅通举报渠道，针对反映的问题和线索，及时开展调查，严肃追究违规人员责任。建立制度化、常态化培训机制，重视合规培训，结合法治宣传教育进行，确保员工理解、遵循企业合规目标和要求。

3. 形成协同高效的架构关系

法务管理体系架构、合规管理体系架构、内部控制体系架构、全面风险管理体系架构之间具有较大差异，但从企业管理基本要素出发，其主要构成要素趋同，其中包括管理目标、组织体系、制度体系、风险管理、计划报告、宣传培训、监督检查、管理信息系统、文化建设等。

在进行“四位一体”建设时，既要保证法务、合规、内控、风险管理原有职能得以实现，又要保证四者能协调互融，达到一加一大于二的效果。因此，可采取创新管理机制，打破原有四大职能部门的界限，做到组织架构融合、体系规划融合、工作流程融合、工作成果融合。

具体而言，理论上，组织架构融合将原有独立部门整合到同一部门管理统筹考虑岗位设置，加强各职能部门之间的沟通与协作；体系规划融合，将原独立规划的体系条线统筹规划，提出统一的规章制度与战略发展目标；工作流程融合，实现具体业务过程中流程节点的管理；工作成果融合，将法务、内控、合规、风险管理的工作成果进行统一整合、统一编排，编制为同一份工作报告。实务中，由于对口部门不一样，导致报告体例、上报时间、决策过程都不一样，从而使得工作成果的融合会出现“一体化管理、分别报道”的情形。

综上，企业建立法务、合规、风险管理、内控一体化管理平台是复杂工程，需要企业统一思想、统一协调，在前期调研的基础上做好充分准备，循序渐进推进“四位一体”合规管理模式的建设。

（二）“五位一体”“多位一体”合规体系建设模式

实践中“五位一体”甚至“多位一体”合规体系建设模式的出现，是“四位一体”合规体系建设模式的拓展与延伸。国务院国有资产监督管理委员会《中央企业合规管理办法》等规范性文件中，已经对合规管理职能部门之间的协同联动作出了明确规定，但仅仅是原则性规定，即法律风险防范与合规管理、监察、审计、内控、风险管理之间的协同联动。对企业而言，法律风险防范一般由法务管理职能部门负责，而“多位一体”则是指企业法务管理、合规管理、监察、审计、内控、风险管理协同联动、统筹推进。

在地方上，如成都市国有资产监督管理委员会于 2020 年 12 月 31 日发布《成都市属国有企业合规管理指引》，该行政规范性文件亦明确规定要推动合规管理与法律风险防范、监察、审计、内控、风控管理等工作统筹衔接，与生产经营各项业务紧密融合，确保合规管理体系有效运行。

在实践中，如某电子集团在统筹推进“五位一体”，实现风险管理集约化进程中，将风险管理、法治建设、内部控制、合规管理、违约责任追究五项管理职能统一到法律事务部，以风险管理为统领、以法治建设和合规管理为价值导向、以内部控制为支撑、以违约责任追究为闭环，实现一体化管理模式。①

由此可知，“五位一体”甚至“多位一体”模式与“四位一体”具有相同的底层逻辑，重点同样在于各职能部门之间的协同联动，实现集约化管理。因此，企业在进行“五位一体”甚至“多位一体”合规体系建设时，同样应当以“四位一体”的建设框架和方法为基础，进而吸收其他要素、体制、机制，坚持效率原则、共享原则、保密原则、协同原则、独立原则、全面覆盖原则，将合规覆盖全业务、全部门、全领域，贯穿决策、执行、监督全流程。

---

① 《统筹推进“五位一体”，实现风险管理集约化》，载人民政协网，http：//www.rmzxb.com.cn/c/2022-02-27/3058610.shtml，2022 年 8 月 8 日访问。

三、民营企业合规体系建设模式

自改革开放后，民营经济现已成为我国经济的重要组成部分，民营企业能够在市场竞争中敏锐地捕获商机，且具有灵活的经营机制与大胆激进的管理策略。在我国对民营企业处于粗放式监管的时代背景下，民营经济得以繁荣，但民营企业可能会忽视合规体系建设，因此，民营企业合规体系建设迫在眉睫。为规范企业市场经营行为，国家及各地陆续出台了经营者反垄断合规指引有关文件。

与央企、国企统一要求建设企业内部完善的合规体系不同，我国对民营企业建立合规体系在于指引而非强制性要求，因此民营企业合规体系建设较为缓慢。为了推进企业合规建设进程，尤其是民营企业合规体系建设，在司法实践层面，最高人民检察院于 2020 年 3 月在上海浦东、深圳南山、江苏张家港等 6 家基层检察院开展涉经营类犯罪依法不捕、不诉、不判处实刑的企业合规改革试点工作，并且重点关注民营企业，明确规定了办理涉民营企业案件的司法标准。①

目前企业刑事合规改革试点工作的开展使得民营企业也更为重视企业合规体系建设，民营企业合规体系建设刻不容缓。

相较于上文央企、国企的“大合规”模式，多数民营企业尤其具有涉外业务的企业在合规实践中仍以“小合规”为主。民营企业由于所处行业的不同，业务开展类别存在差异。因此，应当根据企业的实际需要与实际经营生产情况，选择合适的方式与内容循序渐进地开展合规管理

---

① 《最高检下发工作方案　依法有序推进企业合规改革试点纵深发展　第二期改革试点范围扩大至北京、浙江等十个地区》，载最高人民检察院网站，https://www.spp.gov.cn/xwfbh/wsfbt/202104/t20210408_515148.shtml#1，2022 年 8 月 8 日访问。

工作，搭建企业内部合规管理体系。

结合《企业境外经营合规管理指引》的规定与优秀的民营企业合规建设体系实践，合规管理作为企业管理大类下的一个分支，可借鉴内控管理、风险管理经验建立企业合规管理体系，将企业合规管理体系按照管理程序解构为七个模块，分别是：合规风险识别与防控、合规制度建设、合规文化建设、合规检查、合规监督、合规体系评价、其他合规管理工作。这七个模块可以作为民营企业搭建内部合规体系的框架。

（一）合规风险识别与防控

1. 风险识别

企业在前期对合规风险予以识别与梳理，有助于制定相应的合规管理措施与路径并及时落地改进。因此企业需要定期、主动对合规风险进行识别，并形成固定的合规风险评估机制，用以对企业阶段性工作进行有效指导，对重要风险形成有针对性的解决方案及应对机制。

2. 风险控制

在合规风险识别的基础上，合规风险控制则是合规管理在业务操作中的重要体现，通常与部门、流程、人员紧密相连。一般可在事前或事中植入合规风险控制环节，从而实现在一线业务阶段规避合规风险。同时为确保合规风险控制的效果，企业需要增设相关专门合规人员及确定风险控制关键点，对合规风险进行有效防范。

3. 合规风险识别与控制的价值

有利于企业对业务及流程的风险点进行梳理，并形成总体把控，全面认知企业经营链条中存在的合规风险并加以预防，同时这也是企业以主动姿态对风险进行预防。对一线业务员工而言，可在具体操作业务的第一时间便知合规风险是什么，并初步知道怎么实现对合规风险的规避，提高员工工作效率，同时有助于遏制风险的滋生与扩大，切实做到对合规风险的预防与管控。

（二）合规制度建设

制度的建设并非一蹴而就，在前期对企业合规风险进行识别与梳理的基础上，形成企业合规风险识别成果，在合规制度建设时应结合风险识别的成果，根据企业经营发展的具体情况形成企业完整的合规制度体系。合理的合规制度体系是企业做到合规有效管理的指引与基石，使企业合规管理有据可依，提高合规管理的严肃性及主动性。

（三）合规文化建设

合规文化作为企业合规体系有效运行的重要支撑，可通过培训、宣贯等方式来实现。

1. 合规培训

企业应当根据制度建设与业务实际情况打造合规培训计划。首先，企业应先拟订年度培训计划作为引领。其次，根据实时合规风险识别结果，针对部门、岗位、员工级别设置有针对性的培训课程与考核内容，从而保证培训取得预期效果。培训方式具有多样性，如线上培训、答题测试、线下专门会议等。

2. 制度宣贯

确保合规制度得到有效执行，关键在于企业内部员工对制度的了解、学习、遵守与执行。合规制度宣贯作为培训的补充，使员工在不断宣贯的过程中学习了解企业合规制度，并成为工作习惯，实现员工层面对合规制度的有效执行，对合规风险的有效预防。

3. 塑造合规文化的价值

通过相对较少的投入，使大部分员工树立合规管理的意识和概念，强化合规风险的第一道防线。打牢员工合规基础，使其能够第一时间发现、处理及应对基础的合规风险，将风险隐患降至最低，为企业减少违规损失。

（四）合规检查

合规检查是对前述合规管理工作、流程的梳理与总结。一方面是对业务层面执行合规性进行检验，另一方面是对业务、内控、合规、审计、监督等不同部门协同工作质量的检验。具体操作层面，可分条分块按企业实际需要进行，如对某一项目、某一业务经营链条、某一管理流程进行检查，以便有效发现合规管理工作中的问题并进行总结，进而对合规制度进行完善。因此，合规检查对企业合规体系建设而言具有以下四点价值：一是对既往工作合规性的复盘，查漏补缺；二是对已识别的重大合规风险进行再定位与验证；三是发现未能识别的重要风险；四是为完善制度提供有效依据。

（五）合规体系评价

为实现合规体系的闭环流程，合规体系评价有助于合规管理工作的持续性改进。在合规体系初步建成后，内部建立合理有效的评价办法，以衡量合规体系运转过程中的有效性和成熟度，以便企业找准优化合规体系的角度方向。同时，企业在建立合规体系评价标准与方法的过程中，有助于准确了解其目前的合规管理水平，实现对自身合规工作的整体把控。因此，建立企业合规体系评价制度，对合规管理工作的效果进行及时验证，能更好地为企业持续发展保驾护航。

（六）其他合规管理工作

其他合规管理工作如合规组织架构建设、合规报告编写、外部合规管理等，作为主要合规管理工作的支撑工程强化合规体系建设，增强企业管理能力。

一般来说，企业在建立合规体系的初期，应按照上述模式建立合规管理闭环系统。同时不宜急于追求短期内建立全面的合规体系，而应参考相关实际需求以及相关要求，结合自身业务特点和外部环境的变化，合规体系的建设应突出重点领域、重点环节和重点人员的管控，切实防范合规风险。

中小型企业以重点领域为切入点进行“小合规”的主要内容包括商业贿赂合规、贸易管制和经济制裁合规、金融合规、知识产权及商业秘密合规、质量安全合规、环境保护合规等。企业可以按照业务具体需求选择重点领域进行合规建设与管理。

随着企业合规改革试点工作进一步推进，国有企业尤其是中央企业积累的合规经验对业务复杂、集团型民营企业而言具有重要参考价值，从“小合规”到“大合规”模式的转变，民营企业建立符合自身实际和特点的合规体系有利于实现对企业经营风险的全面把控，实现合规创造价值。

第二章

企业合规制度体系建设

本章主要阐明作为企业合规管理的标准及依据的制度体系，是企业合规管理体系的基石。首先，企业合规制度体系可以明确合规管理的职责和权限，在治理层、管理层及基层等各层级合规管理主体的职责权限中，明确“谁来做”的问题；其次，企业合规制度体系可以根据企业的具体情况选择重点合规领域及环节，通过制度流程的设计，明确“做什么、怎么做”的问题；最后，制度体系可以通过监督权的设计，形成合规管理监督及评价的闭环。

本章主要介绍企业如何搭建立体、有效的合规制度体系，以及制度体系的运作及管理机制。本章第一节介绍了制度起草及确立的要求，制度的起草和确立，除遵循法律法规的要求外，还应当符合企业自身的发展现状和经济效益。本章第二节介绍了企业规章制度体系的分类及架构，从效力层面纵向分类，可以将制度分类为根本管理制度、核心管理制度、重要管理制度、一般管理制度；从文件的性质及部门职能横向分类，可以将制度分类为原则类制度、实施类制度、执行类制度，由此构成包含公司章程及各类业务规则在内的制度体系。本章第三节介绍了制度实施的运行机制，运行机制是企业合规制度实施过程中的重要环节，协调有效的运行机制有助于企业实现合规管理的目标和任务，企业可以通过定期检查、问题报告、违规处置和整改、评价完善等措施确立制度运行机制。

第一节　企业合规制度的起草和确立

企业建立合规管理制度，需要一个完整的配套实施体系，确保管理制度的有效运行。将合规制度变得具有可操作性，贯彻到企业业务开展的各个环节、岗位以及企业管理的各个阶段。

一、制度制定的内容和程序要求

规章制度是企业内部制定，在自身范围内适用，用于调整自身经营管理和业务开展活动的内部规范性文件，是企业依据法律法规、监管规定、行业准则和企业章程等要求，对企业及其内部员工行为的指引规则。

企业生产经营、业务管理必须严格遵循国家法律法规、行业规则和准则，因此企业内部规章制度的相关内容必须严格适应法律法规和监管的要求，确保其监督下的经营管理行为合法、合规。企业规章制度制定的程序和流程也必须符合法律法规、监管政策的要求。不仅形式上要符合要求，实质内容上更需要符合。

（一）涉及劳动者切身利益的制度

企业在制定涉及劳动报酬、工作时间、休息休假等劳动关系方面的规章制度时，应严格参照《中华人民共和国劳动合同法》（以下简称

《劳动合同法》）第 4 条的相关规定：“用人单位应当依法建立和完善劳动规章制度，保障劳动者享有劳动权利、履行劳动义务。用人单位在制定、修改或者决定有关劳动报酬、工作时间、休息休假、劳动安全卫生、保险福利、职工培训、劳动纪律以及劳动定额管理等直接涉及劳动者切身利益的规章制度或者重大事项时，应当经职工代表大会或者全体职工讨论，提出方案和意见，与工会或者职工代表平等协商确定。在规章制度和重大事项决定实施过程中，工会或者职工认为不适当的，有权向用人单位提出，通过协商予以修改完善。用人单位应当将直接涉及劳动者切身利益的规章制度和重大事项决定公示，或者告知劳动者。”

因此，企业在制定劳动关系方面的制度时，应遵循以下程序：首先，制度制定草案须经职工代表大会或者全体职工讨论，由职工针对草案提出方案和意见；其次，企业与工会或者职工代表平等协商确定；最后，双方平等协商确定的制度应向全体员工公示，或以其他方式告知员工。

（二）涉及股东会、董事会、监事会的制度

股东会、董事会、监事会的议事规则是公司治理的基本制度，事关公司治理结构的运作。其相关制度的制定要求主要由《公司法》予以明确。

股东会议事规则方面，《公司法》第 43 条规定：“股东会的议事方式和表决程序，除本法有规定的外，由公司章程规定。股东会会议作出修改公司章程、增加或者减少注册资本的决议，以及公司合并、分立、解散或者变更公司形式的决议，必须经代表三分之二以上表决权的股东通过。”

董事会议事规则方面，《公司法》第 48 条规定：“董事会的议事方

式和表决程序，除本法有规定的外，由公司章程规定。董事会应当对所议事项的决定作成会议记录，出席会议的董事应当在会议记录上签名。董事会决议的表决，实行一人一票。”

监事会议事规则方面，《公司法》第55条规定：“监事会每年度至少召开一次会议，监事可以提议召开临时监事会会议。监事会的议事方式和表决程序，除本法有规定的外，由公司章程规定。监事会决议应当经半数以上监事通过。监事会应当对所议事项的决定作成会议记录，出席会议的监事应当在会议记录上签名。”

（三）涉及企业基本管理的制度

企业管理是指企业对生产经营、业务开展进行计划、组织、指挥、协调和控制等一系列活动的总称，是企业对内部人力、物力、财力、信息等资源的规范运作。因此，企业的基本管理制度是涉及人、财、物等方面的制度，主要归纳为：（1）企业人事管理制度。包括劳动报酬、工作时间、休息休假、劳动安全卫生、保险福利、职工培训、劳动纪律以及劳动定额管理等方面的制度，该部分制度须同时遵守《劳动合同法》相关规定。（2）企业财务管理制度。包括财务预算和决策管理、内部资金管理、合同审核、内部资产管理、收益分配等方面的制度。（3）企业运营管理制度。包括企业业务开展方面的管理制度、内控管理制度等。

关于基本管理制度的制定要求主要根据《公司法》进行规定。《公司法》第46条规定：“董事会对股东会负责，行使下列职权……（十）制定公司的基本管理制度……”第49条规定：“有限责任公司可以设经理，由董事会决定聘任或者解聘。经理对董事会负责，行使下列职权……（四）拟订公司的基本管理制度；（五）制定公司的具体规章……公司章程对经理职权另有规定的，从其规定……”

由此可见，根据《公司法》的要求，公司的基本管理制度应由经理拟订，公司董事会制定；公司具体规章由公司经理制定。对企业的基本管理制度的修订，也应遵守该程序。

（四）涉及企业合规管理的制度

企业合规管理制度的制定也应遵循一定程序，由相关责任主体起草、审议、执行。以中央企业为例，根据《中央企业合规管理办法》的规定，合规管理制度可以分为合规管理基本制度、合规管理具体制度、专项合规管理制度。这些制度的制定主体是不一样的。中央企业合规管理部门牵头负责本企业合规管理工作，负责组织起草合规管理基本制度、具体制度等；中央企业业务及职能部门承担合规管理主体责任，负责建立健全本部门业务合规管理制度和流程，开展合规风险识别评估，编制风险清单和应对预案。

在程序上，中央企业董事会负责审议批准合规管理基本制度、体系建设方案，研究决定合规管理重大事项；中央企业经理层负责拟订合规管理体系建设方案，经董事会批准后组织实施，拟订合规管理基本制度，组织制定合规管理具体制度。

二、企业规章制度的制定需符合企业自身的发展现状

企业在制定规章制度时应结合自身实际经营状况、业务特点、自身综合实力以及行业整体状况，使其制定出来的制度具有可执行性。制定过程中可以援引法律法规的相关规定、参考同行业其他企业的管理做法，但切勿盲目照搬照抄。企业需结合自身实际情况，制定与自身相符合的规章制度。

三、企业规章制度的制定需符合企业自身经济效益

企业制定规章制度时应当考虑经济效益，制度内容应以促进企业发展、提高企业经营效益为目的，充分考虑制度的实施成本。避免出现无效、低效的制度规范，造成资源浪费。

第二节　企业规章制度文件的分类

一、纵向分类

纵向分类即在效力层面的分类，以不同层级审批机构制定的文件效力高低不同为分类基准，规章制度文件可分为以下几类。

1. 根本管理制度

规定企业根本任务的制度，包括规定企业的组织形式、权力的行使及义务的承担，一般由出资人、股东（大）会负责审批。

2. 核心管理制度

规定企业基本运作规则以实现企业核心职能，一般由董事会、董事长、总经理（总经理办公会）负责审批。

3. 重要管理制度

规定企业重要管理职能实现方式的制度，一般由分管副总经理或其他高级管理人员负责审批。

4. 一般管理制度

对核心管理制度、重要管理制度进行解释、补充、支持、细化，指导企业具体业务开展的辅助性和可实施性的制度，一般由部门负责人审批。

二、横向分类

横向分类是根据文件的性质及部门职能进行的分类，主要包括以下几种类别。

1. 原则类制度

原则类制度对业务领域提出原则性管理要求，需要实施或执行类制度尤其要细化落实。

2. 实施类制度

对业务领域内流程或业务活动进行规范，流程程序清晰、职责分工明确，部门（单位）可以直接执行。

3. 执行类制度

对业务领域内细化流程作出具体描述，直接指导岗位工作人员执行。

三、规章制度文件的体系框架

规章制度的纵横向分类如同规章制度文件的骨骼，按照上述分类将规章制度文件一一归位、分类并加以充实，便可搭建出脉络清晰、逻辑合理、内容完整的体系框架。无论是集团式的大企业还是单一式的中小企业，规章制度的框架都可按如下体系搭建。

表 2.1　规章制度的体系框架表

<table>
<tr><td colspan="2" rowspan="2">纵向分级</td><td colspan="5">横向分级</td></tr>
<tr><td>业务
管理制度</td><td>……</td><td>法律事务
管理制度</td><td>合规
管理制度</td><td>审计
管理制度</td></tr>
<tr><td rowspan="4">集团本部</td><td>根本管理制度</td><td>……</td><td>……</td><td>……</td><td>……</td><td>……</td></tr>
<tr><td>核心管理制度</td><td>……</td><td>……</td><td>……</td><td>合规管理办法</td><td>……</td></tr>
<tr><td>重要管理制度</td><td>……</td><td>……</td><td>……</td><td>诚信合规手册</td><td>……</td></tr>
<tr><td>一般管理制度</td><td>……</td><td>……</td><td>……</td><td>合规检查指引</td><td>……</td></tr>
<tr><td rowspan="4">二级单位</td><td>根本管理制度</td><td>……</td><td>……</td><td>……</td><td>……</td><td>……</td></tr>
<tr><td>核心管理制度</td><td>……</td><td>……</td><td>……</td><td>……</td><td>……</td></tr>
<tr><td>重要管理制度</td><td>……</td><td>……</td><td>……</td><td>……</td><td>……</td></tr>
<tr><td>一般管理制度</td><td>……</td><td>……</td><td>……</td><td>……</td><td>……</td></tr>
</table>

具体体系框架如下：

一级规章管理制度——决定企业经营管理基本事项的有关制度，以《公司法》项下的公司主体为例。

（1）公司章程

公司章程，是指公司依法制定的、规定公司名称、住所、经营范围、经营管理制度等重大事项的基本文件，也是公司必备的规定公司组织及活动基本规则的书面文件。

公司章程是股东共同一致的意思表示，载明了公司组织和活动的基本准则，是公司的“宪章”。公司章程具有法定性、真实性、自治性和公开性的基本特征。公司章程与《公司法》一样，共同肩负调整公司活动的责任。作为公司组织与行为的基本准则，公司章程对公司的成立及运营具有十分重要的意义，它既是公司成立的基础，也是公司赖以生存的灵魂。

（2）“三会”议事规则

首先，“三会”是指公司股东会、董事会、监事会，它们是公司组织结构和治理结构的重要组成部分。

其次，议事规则包括会议决议事项的范围、会议召集程序（召集主体、召集时间、召集通知作出等）、表决程序（表决权行使方式、表决权限制、通过决议所需表决权比例）以及委托参会及行使表决权的处理等规范。“三会”议事规则是对公司章程所规定的公司治理结构和治理体系的细化和完善。

“三会”议事规则仅适用于具备股东会、董事会、监事会的公司，如果一家公司只有一名股东、一名执行董事、一名监事，不设股东会、董事会、监事会，则不存在“三会”，议事规则通常也仅涉及股东、执行董事、监事之间的职责分工和各自决议事项的范围。

（3）经理工作细则

经理工作细则的制定是为了促进公司经营管理的制度化、规范化、科学化，保证公司的高级管理人员依法行使职权，勤勉高效工作。因此，应根据《公司法》和公司章程的规定，在一级规章管理制度中对经理的任免条件、经理的职权、经理的权限、经理的职责与分工、经理会议、报告制度及激励与约束机制等具体细则进行明确规定。

二级规章管理制度——由企业高级管理层、业务部门决定的基本业务制度。

（1）财务管理制度

制定财务管理制度能够起到规范企业日常财务行为，发挥财务在企业经营管理和提高经济效益中的作用。财务管理制度需要以法律法规为依据，不得违反法律的强制性规定。

财务管理制度应包括以下内容。

财务管理制度的总体原则。企业应在总原则中明确财务审批流程，如明确规定企业财务实行以“计划”为特征的总经理负责制：属于已经总经理审批的计划内的支付，由相关事业部总经理书面授权，财务负责人监核即可办理；属于计划外的，必须有企业总经理的书面授权。

财务工作岗位职责。明确财务岗位设置及人员配置，对各个岗位如财务经理、财务主管、会计、出纳的职责进行明确清晰的规定并贯彻国家财税政策、法规，结合企业具体情况建立规范的财务模式。

现金管理制度。明确现金管理人，同时规定现金收取流程。

支票管理制度。明确支票管理人，同时规定支票收取流程。

印鉴的保管。建立印鉴分开保管制度，并明确规定用印流程。

（2）人事管理制度

企业人事管理制度是用于规范该企业职工的行动、办事方法，规定工作流程等一切活动的规章制度。它是针对劳动人事管理中经常重复发生或预测将要重复发生的事情制定对策及处理原则。它采用条文的形式协调企业职工的活动，规定一致的利益目标。人事管理制度应包含以下内容：人员职责、员工招聘流程、员工入职流程、员工离职流程、试用期限和合同期限等。

（3）行政管理制度

行政管理工作广义上包括行政事务管理、办公事务管理两个方面；狭义上通常以行政部为主，负责行政事务和办公事务。行政管理制度具体包括相关制度流程的制定和执行推动、日常办公事务管理、办公物品管理、公文文件管理、档案管理、会议管理、涉外事务管理，还涉及出差、财产设备、生活福利、车辆、安全卫生等事务管理。最终目标是通过各种规章制度和人为努力使部门或者企业之间形成密切配合的关系，使整个企业在运作过程中成为一个高速并且稳定运转的整体；用合理的成本换来员工最高的工作积极性，提高工作效率，完成企业目标发展任务。

（4）合同管理制度

合同管理制度是根据《民法典》合同编及其他有关法律法规的规定并与企业经济活动实际相结合而制定的制度。合同管理是企业管理的一项重要内容，搞好合同管理，对于企业经济活动的开展和经济利益的取得，都有积极的意义。各有关部门都应互相配合，共同努力，搞好企业以"重合同、守信誉"为核心的合同管理工作。合同管理制度主要包括以下几点内容：合同签订、审查批准、合同履行、变更解除、纠纷处理、合同归档管理等内容。

合同管理一般由合同策划、调查、初步确定准合同对象、谈判、拟定合同文本、审核、正式签署、分送相关部门、履行、变更或转让、终止、纠纷处理、归档保管、执行情况评价等程序构成。可以将合同管理划分为四个阶段：合同准备阶段，包括合同策划、调查、初步确定准合同对象、谈判、拟订合同文本、审核等程序；合同签署阶段，包括正式签署合同、将合同分送相关部门等程序；合同履行阶段，包括合同履行、变更或转让、终止、处理纠纷等程序；合同履行后管理阶段，包括合同归档保管、执行情况评价等程序。

（5）保密制度

保密制度是企业最重要的制度之一。企业秘密关系企业利益与权利，为保护企业整体利益和长远利益，使企业长期、稳定、高效地发展，制定完善科学的保密制度是十分有必要的。保密制度主要包括以下几方面内容。

①企业秘密的概念和范围。对于什么是企业秘密以及企业秘密的范围应进行明确的划分，以便于员工遵守该制度，更好地履行职责。

②秘密界限的划分。应将企业的秘密文件进行分级，如可根据不同文件的重要程度大致将其分为绝密、机密、秘密三级，以便对不同的文

件有侧重点地进行保管。

③保密措施。保密措施是保障企业秘密不被泄露的关键环节，应将各种泄密的风险一一击破，尽可能确保企业文件的安全，如企业涉密文件应在设备完善的保险装置中保存，涉密文件的收发、传递和外出携带应由专人负责，并采取必要的安全措施，涉密文件未经总经理和相关负责人审批不得复制、摘抄，在公共场所不得讨论企业秘密，在企业的办公区域、档案室、设备中心等核心地区禁止外部人员入内且企业员工非工作需要禁止在上述地方拍照等。同时应注意对不同秘密等级的企业文件采取不同的保密措施。

④责任与处罚。明确各个部门泄密主要责任人及对泄密人及泄密主要责任人要进行相应的处罚，确保各个部门从上到下自觉遵守企业保密制度，保守企业秘密。

（6）合规管理制度

企业合规管理制度是指对企业合规管理活动的制度性安排的统称，一般包含企业合规经营目标和理念以及各业务职能领域活动的制度性规定和要求。企业合规管理制度是员工在企业生产经营活动中需要共同遵守的行为指引、规范以及制度规定的总称。

企业合规管理制度的表现形式或内容组成一般包括合规行为准则、制度规范、各项合规专项管理办法、合规管理的工作流程、管理表单等。

从制度设计角度出发，合规管理制度与企业的其他管理制度并无不同，大部分适用于其他类型管理制度的原则和做法也同样适用于合规管理制度。

合规管理制度应当以公平、正义和尊重为出发点，同时这也是合规管理制度在企业内外最终要实现的目标。

公平是指公平地对待企业内部的所有成员和外部相关方，不应为其提出过于沉重或者在实践中难以实现的义务。例如，一些企业利用对供应商拥有的优势地位，在商业安排中提出苛刻的条件，即使以制度的形式规范下来，在实践中也很难被执行而且可能受到供应商各种形式的抵制。

正义是指合规管理制度本身目的的正当性，如给销售人员设定不合理的高数字指标和相应的薪酬制度必然促使一部分的销售人员寻求不合规的达成指标手段。当发生违规时，企业一方面要审视违规行为本身，另一方面也要审视企业是否应当为自己的发展目标留出空间。

尊重包括从制度的设计本身体现对所有相关方的尊重，同时也包括在使用的语言和沟通方式上体现尊重和信任。

由于合规管理制度中原则性条款较多，且执行标准大多为定性而非定量，所以执行者发自内心地接受这些制度是其得以执行的关键。合规管理制度中的程序性规定也可能流于形式，因为执行者仅仅是为了得到期望的结果而完成某些流程。因此，合规管理制度必须体现公平、正义和尊重的价值才能获得相关方的认可和接受。

按照《中央企业合规管理办法》的规定，合规管理制度可以分为合规管理基本制度、合规管理具体制度、专项合规管理制度。合规管理基本制度，包括总体目标、机构职责、运行机制、考核评价、监督问责等内容。针对反垄断、反商业贿赂、生态环保、安全生产、劳动用工、税务管理、数据保护等重点领域，以及合规风险较高的业务，中央企业应当制定合规管理具体制度或者专项指南。针对涉外业务重要领域，根据所在国家（地区）法律法规等，结合实际制定专项合规管理制度。

（7）奖惩制度

为了加强企业经营管理，企业应明确奖惩的依据、标准和程序，使奖惩公开、公平、公正，以更好地规范员工的行为，以及维护正常的生产秩序和工作秩序，鼓励和鞭策广大员工奋发向上，创造更好的工作业绩。对此，企业应制定相应的奖惩制度。

三级规章管理制度——为执行各项管理制度而由职能部门制定的指导意见、工作标准、业务流程、作业手册等。

通过对以上规章管理制度层次的划分，可以从总体上把握企业制度建设思路，形成原则明确、层次清晰、有点有面的架构，改变大多数企业管理制度体系乱、偏、散的状况，使制度结构更加合理有效。

第三节　企业合规制度的运行机制

运行机制是企业合规制度实施过程中的重要环节，协调有效的运行机制有助于企业实现合规管理的目标和任务，企业可以通过定期检查、问题报告、违规处置和整改、评价完善等措施确立制度运行机制。

一、定期检查

企业内部合规管理部门对企业自身经营管理行为、业务操作活动的合规性应开展定期检查活动。合规管理部门应独立开展检查，应当主要针对合规管理部门关注的关键点，并非必须对企业业务流程全面覆盖检查。定期检查的目的是发现企业内部违规行为活动，是针对企业经营行为和业务活动开展的，具有时效性强、要求明确、结果反馈较为直接的特点。

定期检查的主要作用有：

（1）确认企业内部规章制度及其操作流程是否符合法律法规以及相关管理部门的要求，可以有效预防企业的合规风险。

（2）及时有效了解企业内部规章制度的落实情况以及流程是否合理、合规，尽早发现问题、加强合规管理、防范合规风险。

（3）有助于企业完善自身管理能力，提高违规问题预防能力，减少企业的合规损失。

二、问题报告

问题报告是指企业内部依照合规管理流程，对定期合规检查中发现的相关合规管理问题进行及时、完整的总结和分析，并汇报给企业管理者的专项报告。问题报告应如实反映情况，不得瞒报、虚报。应客观、中肯地总结、分析企业内部行为的合规问题，避免出现带有主观导向性的合规建议措施。通过问题报告，企业管理者可以全面地知悉、了解企业的合规情况，并作出相应的工作安排。

三、违规处置

违规处置是指因企业内部违规行为导致企业遭受有权机关制裁、处罚而进行的内部处理、核查等工作，旨在尽可能地帮助企业挽回损失。迅速有效的违规处置措施可以帮助企业及时堵塞合规漏洞，防止类似事件再次发生。

四、违规整改

违规整改是指针对企业内部违规行为而进行的纠错、修正的管理活动。高效的违规整改机制有助于增强企业合规管理能力、提高企业合规管理水平、完善企业内部治理体系。

对中央企业而言，《中央企业合规管理办法》第四章共有九条，较为详细地规定了合规制度如何有效运行。除定期检查、问题报告、违规处置、违规整改外，还创设了很多新的制度，如“中央企业应当将合规审查作为必经程序嵌入经营管理流程，重大决策事项的合规审查意见应当由首席合规官签字，对决策事项的合规性提出明确意见”“中央企业应当结合实际建立健全合规管理与法务管理、内部控制、风险管理等协同运作机制，加强统筹协调，避免交叉重复，提高管理效能”“中央企业应当将合规管理作为法治建设重要内容，纳入对所属单位的考核评价”。这些制度创设，使得企业合规运行机制更为顺畅、更为有效、更强化了监督问责。

第三章

企业合规管理体系建设

企业要真正建立一套有效的合规管理体系，必须认真思考和回答合规管理体系建设的几个关键问题，即遵循什么样的工作思路、合规管理体系由哪些部分组成、构建合规管理体系的步骤是什么，以及合规管理体系建成后的运行机制有哪些等。合规管理体系建设是一个长期的过程，应该有明确的规划并分阶段完成，不能一蹴而就，本章将重点介绍企业合规管理体系建设内容。

本章第一节主要介绍企业合规管理方案的规划，包括作为方案规划前提的合规尽职调查、企业合规方案的建立、企业合规管理体系建设的工作思路等内容。第二节主要介绍企业合规管理的外部影响要素，主要内容包括合规管理体系建设的政策要素、合规管理体系建设的咨询服务市场现状等。第三节以实现“强内控、防风险、促合规”为目标，从事前、事中、事后三个阶段对合规管理体系建设的整体规划、步骤分解、注意事项进行了细致的讲述。本章覆盖合规建设的全流程，形成一张覆盖全面、重点突出、管控到位的合规管理体系鸟瞰图。

第一节　企业合规管理方案的规划

企业合规管理方案的规划，包括规划制定前的合规尽职调查、企业合规方案的建立、在方案指导下的企业合规管理体系建设的工作思路。

一、合规尽职调查

“尽职调查”通常指的是企业在收购、投资和交易等过程中对目标企业的组织架构、资产和负债情况、运营和管理情况等进行全面深入的系列审核，是企业在开展商业活动时经常采用的调查手段，对保障商业活动健康有序开展起到举足轻重的作用。而所谓“合规尽职调查”，一方面可以指企业在着手搭建合规体系、进行合规制度建设的前期，为准确掌握自身合规的基础、明确薄弱环节，对企业的合规现状和既存风险进行全方位、多角度的调查和评估，作为事先合规风险防控体系搭建的重要内容；另一方面也可以指企业在商业活动中，为规避可能来自内外部关系的合规风险，有效划分并阻隔违规责任，对合作伙伴、并购企业、商业客户甚至企业员工等主体从合规的角度开展的专门性调查活动，并根据调查情况，分析和评估可能从上述主体中衍生的合规风险，在此基础上作出应对措施。此处主要以上述第一类调查活动为例对合规尽职调查的相关事项进行探讨和分析。

（一）合规尽职调查的原则

1. 明确目的

合规尽职调查不同于商业活动中常规的尽职调查活动，作为合规体系搭建和合规制度建设的前置基础，合规尽职调查具有专项性和针对性，是为了更有效、更精准地搭建合乎企业实际的合规体系和方案，而对企业的合规现状进行的全面摸底调查。合规尽职调查的目的并不只是针对尽职调查本身，更多的是调查结果的应用。

开展合规尽职调查的企业大多是已经着手搭建合规体系，或者针对现有合规体系进行进一步的健全和升级，那么在这种情况下的合规尽职调查，应结合调查情况和调查目的明确下列事项：（1）对企业的合规管理体系现状进行全面调查，对标同行业、同类型企业，分析合规管理体系改进空间；（2）对企业具体业务流程、模式进行调研，识别合规管理的重点领域并确定合规管理体系工作重点；（3）根据合规体系的现状评估情况，结合建设总目标，就合规管理体系建设制订总体规划方案及分阶段、分板块的具体实施计划或工作计划。

合规尽职调查是企业在建立或健全合规管理体系之前，从合规角度对自身所做的一次全面“体检”，“体检”本身不是目的，结合“体检”结果对症下药才是“体检”的根本目的。合规尽职调查是企业进行合规建设的基础，后期的主要活动都是根据调查情况来作出针对性整改，尽调的结果直接掌握和决定着后期合规建设的重点和方向。明确把握尽职调查的目的，是做好合规尽职调查工作的基本要求和原则。

2. 实事求是、全面客观

企业在开展合规尽职调查时，应当抽调专门人员成立调查组，独立开展调查工作，明确对企业的合规现状以及与合规建设相关的情况进行全面的检查了解，具体包括企业历史沿革、合规组织架构、合规部门及人员设置、合规制度、合规执行、不当行为、举报投诉、涉诉处罚等各类信息，并在此基础上将尽职调查的重点、侧重角度予以特别关注和逐一核查，保证信息的全面性和完整性。

我国目前已经针对合规发布了诸多指导意见和指引类文件。企业在进行合规尽职调查之时，除应当检查了解自身合规基础外，还应当结合外部的法律法规、政策文件以及合规领域的相关要求等，比对企业现状，明确合规建设的重点和企业目前的薄弱环节，增强合规尽职调查的科学性。

从调查手段上来看，常规尽职调查主要是通过“查阅资料”和“访谈”两种方式配合开展，即调查组根据需求制作尽职调查清单或自查清单，要求相关部门及人员按清单内容逐项提供文件材料、文字说明，再配合现场访谈、补充清单等方式，对企业合规现状进行基础情况的摸查和了解。但不可否认的是，通过上述调查手段获取的信息均来自企业内部，虽能快速了解企业的合规现状，精准定位合规建设的方向和重点，但一定程度上缺少客观性和科学性，为弥补上述缺陷，调查组应在此基础上，合理利用外部力量展开调查，如通过与企业有关联或可能了解情况的合作伙伴、供应商、兄弟企业等第三方主体了解有关本企业的合规情况。必要情况下，还可以通过委托第三方专业机构进行评估鉴定等方式，核查调查信息的准确性和科学性。

开展合规尽职调查时，应本着实事求是的原则，充分尊重尽职调查过程中获取材料所呈现的事实，避免主观臆断、妄自揣测，对于存疑的地方，可通过补充调查、访谈或者第三方核查等方式填补信息漏洞，做到存疑必究。

3. 因地制宜、突出重点

合规尽职调查的目的是更有效、更精准地搭建合乎企业实际的合规体系和方案。而毋庸置疑的是，每个企业的合规基础与现状皆不相同，要想定制合乎企业实际的合规方案，必须根据企业情况，开展针对性的合规尽职调查，明确方向、突出重点，做到因地制宜、量体裁衣。

对于合规组织架构尚未建立，合规基础较为匮乏的企业，应当重点调查企业背景、组织架构、管理方式以及现存不当行为或潜在合规风险等，充分了解企业情况、诊断法律风险，为企业建立系统、有效的合规体系作指引；而对于合规体系已经初具模型，具备一定合规基础的企业，在开展合规尽职调查时，应侧重对企业现有合规组织架构、合规手册、合规制度、合规执行以及专项合规层面的内容进行了解，分析合规体系设置的科学性和匹配度，保证合规建设能更加切合企业实际，为企业健康运营保驾护航。

（二）合规尽职调查清单（自查清单）

尽调的内容是由尽调的原因所决定，尤其要受具体的尽调目的所约束。合规尽职调查是以建立、健全企业合规体系，保证企业合规经营为目的和导向的。因此，在制作合规尽职调查清单时，应当在常规尽职调查清单的基础上，侧重合规方向、突出合规业务操作，主要包括以下重要事项。

1. 企业基本信息及历史沿革

企业基本信息重点指的是企业的法律地位、设立以及股权信息，如各股东出资、委托代持、股权变动、业务资质等基本情况。该项信息除主管部门登记备案的资料外，还应当核查相关的交易文件，如股东协议、委托代持协议、股权转让协议、增资扩股协议等，查明真实情况。

2. 组织架构

组织架构主要指的是企业内部治理结构，包括董监高设立及履职情况、各部门设置及相应职能、合规管理组织的设置和运行情况，除此之外，还应包括企业对外投资情况、分支机构情况、关联企业等，明确企业的股权体系和组织架构，审查企业内部治理结构的设置是否合理、运行是否健康。对于合规基础薄弱、合规组织体系尚未完全建立的企业，应根据企业目前运行的组织架构的特征，结合企业需求，合理打造企业自身特有的合规管理组织，嵌入企业全部的业务流程，做到合规与业务相融合，真正实现有效合规。

3. 规章制度

规章制度是企业经营运转的标尺和红线，在企业合规经营过程中起到最主要的规范和指引作用。调查组在开展尽职调查或自查活动过程中，应当注意了解企业规章制度体系是否健全、各项规章制度内容是否完善、是否及时更新、是否存在与现行法律法规不符甚至冲突的地方，以及规章制度的制定和修改流程是否明确，操作是否规范，等等。同时，若企业已经印发并实施了相关的合规管理制度，在尽职调查过程中，应对合规管理制度本身的合规性进行审查，分析制度与企业运行的适配性，对于存在风险以及需要改进的地方，及时作出预警和提示。

4. 重要业务领域

针对企业重要业务领域的尽职调查主要是调查了解业务部门在经营过程中是否真实、全面履行了法律法规、行业规范以及企业自身对其设置的合规义务，对其中存在的潜在及高频风险点进行充分释明，及时纠正违规行为。

此外，企业的重要业务领域通常都占据着企业生存发展的绝对比重，甚至掌握企业命运的咽喉。因此，业务本身的合规性也应当成为尽职调查的重要内容，如经营许可、业务资质、人员从业资格等。必要情况下，企业可针对重要业务领域和特定合规风险量身打造专项合规计划。

5. 涉诉处罚

企业的历史涉诉处罚情况并不一定影响企业未来的生存和发展空间，但针对该项的调查仍必不可少。在对企业的涉诉处罚情况进行调查之时，应当重点了解和查明企业涉诉处罚的原因，归纳高频风险点，进而分析企业在目前的经营管理过程中是否存在类似或相关问题，排查潜在风险，作为后期合规建设的重要方向。

（三）专项合规尽职调查

专项合规是指企业在经营管理过程中，为避免企业因违反相关法律法规、行业规范而遭受行政处罚、刑事追究、国际制裁等方面的惩处，针对自身某一特定业务领域和关键风险点，从风险识别与风险防控等角度建立起来的专门性合规管理体系。

由于每个企业的经营范围和业务领域各不相同，企业规模、管理模式以及合规风险也不同，因此每个企业对于专项合规的需求和侧重具有较大差异。在我国目前的市场环境下，常见的专项合规有反商业贿赂合规、环境保护合规、反不正当竞争合规、出口管制合规等。

专项合规与全面合规相比最大的区别在于，全面合规是在企业合规基础薄弱甚至匮乏的情况下，针对企业整体的治理和运营情况，从风险防控角度对企业自身所做的基础“诊断”与“治疗”，强调宏观把控和方向指引的作用；而专项合规是为了识别、规避和解决企业特定业务领域的合规风险而做的专门性合规管理体系，更强调针对性和操作性，更加具象可行。因此，企业在开展专项合规尽职调查之时，应当首先识别自身的关键风险点，针对特有的风险领域，有针对性地打造专项合规的尽职调查内容。

从具体的调查内容上来看，专项合规尽职调查应当侧重识别该特定业务领域的合规风险，归纳薄弱环节，针对目前的业务经营以及制度执行情况进行全方位的调查，明确专项合规的必要性和侧重点，为量身打造企业的专项合规明确方向。不仅如此，专项合规除应当受到企业一般的合规政策约束外，还应当在本业务领域范围内建立专门性的合规体系。因此，在开展专项合规尽职调查时，应当审查企业是否针对该业务领域设置了一套独立完整的合规体系，包括专门性的合规组织、专门性的合规官、专门性的合规制度、专门性的合规培训以及专门性的合规预防、识别和应对体系等，若企业目前尚未搭建上述专门性合规体系，则应当调查了解企业目前在该业务领域的部门设置、人员配备以及机构运行情况，摸清专项合规体系搭建的基础，以便在开展专项合规体系建设时，更有效地将专项合规体系嵌入目前的全部业务流程中，增加体系建设的合理性和完整性。

（四）合规访谈的目的

“访谈”是尽职调查的手段之一，是合规调查组在开展尽职调查过程中，囿于文件资料的局限性，通过与企业部分责任人及其他特定主体进行谈话和访问的方式来获取所需要的信息。合规访谈具有较强的辅助性特征，是为了弥补书面材料的局限性，从更立体化、细节化的角度了解企业运行模式以及合规风险而开展的一种合规尽职调查活动。因此可以说，访谈主要具有以下几个目的。

1. 结合制度审阅的情况，通过访谈进一步掌握企业的合规现状、历史背景以及被访谈人目前面临的问题、需求等，开展有针对性的人员访谈，从而有效了解企业各部门的合规管理职责、对合规管理的需求、关注重点、可能的挑战等。在具体开展访谈工作时，需安排访谈计划。首先，访谈领导班子和业务部门负责人，以对企业的业务及合规现状有一个宏观的了解；其次，应访谈法务合规、审计、纪检监察等部门，向承担合规管理职能的部门详细了解企业的合规管理模式（包括合规、内控、风控等职能的分工情况）以及可能存在的问题，研讨下一步工作方向和可能实行的解决方案。

2. 通过访谈填补文字或量化资料的不足和漏洞，从访谈中捕捉细节问题，验证访谈人的疑问或者假设，进而有效抓住问题的本质，印证书面材料的真实性和客观性，做到宏观与微观相结合、主观与客观相结合，提高尽职调查工作的科学系数。

3. 与被访谈人建立并加强信任和情感联系，释明尽职调查工作的内容以及合规项目开展的意义，获得被访谈人的理解与支持，提高后期工作的配合默契和工作效率。

访谈目的对整个访谈起到提纲挈领的作用，只有把握访谈目的，才能确定访谈对象以及访谈内容，有效避免访谈的盲目与混乱。

（五）如何确定访谈大纲

访谈大纲是合规调查组人员在开展访谈之前必做的准备工作，对整个访谈起到统筹和方向引领的作用，合规尽职调查过程中的访谈大纲应当包括访谈时间、访谈对象以及访谈内容等基本事项，一个科学、清晰的访谈大纲能够切实提高访谈效果。

1. 准确把握访谈工作开展时机，充分发挥访谈效用

不打无准备之仗，访谈工作应当在充分了解企业基本信息的情况下开展。访谈工作前，调查组人员应当充分审阅企业提供的书面材料以及调查组通过自助查询、第三方等渠道获取的各类信息，做到对企业目前的合规概况有一个整体和基础的把握，事先归纳问题和疑点，明确自己想要获得什么样的信息、验证什么假设，避免出现访谈时语无伦次、不

知所云的尴尬情况。

同时，访谈工作筹备之时，应充分了解清楚企业的组织架构、部门构成，以及企业领导和相关责任人的工作时间等信息，事先预约，做好时间规划和访谈人员配置，避免耽误被访谈人正常工作的开展，同时争取最好的访谈效果。

2. 根据访谈需求合理筛选访谈对象，不贪多，但求准

选择一个适当的访谈对象能够极大地提高访谈的效率，达到事半功倍的效果。访谈对象应当根据所需要获取的信息来选择，如果涉及企业内部治理、组织机构运行等问题，企业管理层领导更能从宏观角度上进行把控和介绍；但若想了解企业各部门基本运行情况，部门负责人肯定更有心得和体会；而对于更为细节和日常的合规执行及落地层面的情况，基层员工往往能提供更为客观和直接的信息。

访谈对象的筛选不仅应当考虑岗位、职级和业务领域等工作信息，同时还应当考虑被访谈者的性格、思维、脾气等个性特征，如调查组人员想了解企业现存的合规风险，以及合规制度存在的问题和改进建议，选择性情果敢、为人直爽的员工作为访谈对象。

根据访谈需求合理筛选访谈对象，不仅能提高访谈信息的准确性，而且能有效提高访谈效率，节约调查成本，达到事半功倍的效果。

3. 科学设计访谈内容或问题清单，明确主题、突出重点

访谈内容必须围绕访谈目的来设计，否则就会出现偏离主题、逻辑混乱的情况。在设计访谈内容之时，应当重点了解在审阅书面材料时发现的疑点或漏洞，以及合规尽职调查需要明晰但书面材料无法体现的内容，尽量区别“必须了解的信息”和“最好了解的信息”，提前做好分类整理，区分主次，突出重点。在上述前提下，围绕重点内容设计访谈问题清单，作为实际访谈工作的参考。同时需要注意的是，由于访谈对

象的思维无法把握，访谈结果具有不确定性。因此，若遇访谈对象的回答超出访谈大纲但仍然具备参考价值之时，访谈人可对访谈大纲中事先设计的问题清单进行合理调整，并对被访谈人进行适度引导，以获取自己想要的信息。

在设计访谈内容之时，应当在围绕访谈重点的基础上，根据被访谈人的职级、部门和业务领域等信息设计和匹配访谈问题，同时结合被访谈人的性格以及人物特征来调整访谈方向和访谈技巧，实现访谈问题与访谈对象高度适配，提高访谈的针对性和有效性。

表 3.1　访谈方向与目的

历史沿革	企业的治理结构	管理架构	业务情况	主要利益相关者	合规管理现状	各部门的合规意识
简要了解	为明确董监高职责、嵌入合规管理负责人做准备	为合规管理组织的搭建提供依据和方案，为明确重点环节、重点人员做准备	明确企业重点业务领域、主要业务模式，明确合规管理重点领域	明确合规风险的主要来源	简要了解确定培训目标	简要了解确定培训计划

（六）访谈的注意事项

1. 宏观与微观相结合、开放与封闭相结合

在设计访谈问题以及开展访谈工作过程中，应当注意访谈问题之间的合理搭配，多层次收集信息，保证信息获取的立体化，如对于企业目前合规组织架构的相关问题，除应当从宏观层面进行整体把握外，还应当同步了解其在企业实际经营管理中的执行和落地情况。在访谈形式的设计上，也需要根据不同的访谈需求进行选择，如对于数据采集类或者信息统计类的访谈，在问题设计上可以采取封闭式提问的形式，要求被访谈人从选项中选择答案，提高访谈效率；而对于事实表述类和观点阐

述类的问题，应当尽量采用开放式问答的形式，避免限制被访谈人的思路。

2. 区分访谈、多角度获取

访谈的主要目的是在审阅企业合规资料的基础上，通过与企业内部人员进行面对面沟通的形式对企业制度制定、风险识别、合规审查、风险应对、责任追究、考核评价、合规培训等合规层面的情况进行更充分的了解。要想达到这个目的，应当尽量避免访谈和语言本身所具有的主观性特征可能给访谈结果带来的信息失真等负面性影响。因此，在选择访谈对象之时，应当针对同类型的问题与企业内部不同层级人员进行分别访谈，交叉印证，以判断不同人员对合规管理的认知和执行、对合规文化的形成与认同，进而作出有针对性的合规评价，提高访谈的价值和参考意义。

3. 灵活应变、适时调整

由于访谈问题系调查组人员根据调查需求以及资料审阅时发现的问题所拟定，而调查组人员却无从得知访谈对象在企业里实际了解的情况，加之不同访谈对象的认识、观点以及体验不同，调查组人员并不能完全掌控访谈的方向。因此，调查组人员在访谈的过程中，应当结合访谈对象的回答以及访谈节奏灵活应对，及时捕捉访谈对象话语中的关键信息并进行放大和引导，适时调整访谈方向和重点。访谈的最佳效果并不仅仅是让访谈对象回答调查组事先准备好的问题并给出想要的答案，而是在访谈对象现有的回答中引导他们透漏更多调查组并未准备和考虑到的话题，利用访谈对象完善调查组自身的思维，以获取更充足、更完整的信息，从而实现一次成功的访谈。

4. 完整、规范制作访谈笔录

访谈过程尽量做到全程录音，保留原始载体，在访谈的同时做好访谈笔录，同时应注意，不要因为访谈笔录的同步性随意打断访谈，以免打断被访谈人思路，影响访谈内容的完整性。对于记录不及时的情况，可快速归纳整理问答要点进行简要记录，事后根据访谈录音进行补充完善。访谈笔录的格式应当规范，明确访谈时间、访谈人、访谈对象（包括姓名、部门、职务、联系电话等）、访谈地点、访谈主题等基本信息，访谈结束之后可将访谈笔录交由被访谈人核对无误并签字确认。

访谈笔录作为访谈工作成果，应及时与合规调查组其他成员共享，归纳整理同类主题的访谈笔录，对比分析不同访谈对象的回答，并结合前期收集审阅的书面材料，有效判断访谈内容的客观性，必要情况下，可在充分审查访谈笔录及书面材料的基础上，再次归纳疑点和必要问题，为下一次访谈工作做准备。

二、企业合规方案的建立

合规方案是企业为提升依法合规经营管理水平，防范和有效控制重大合规风险，保障企业持续健康发展，增强市场竞争力，有效建立健全与企业发展需求相匹配的合规管理体系，按照国家监管规定以及企业内部规章制度的要求，结合企业实际经营、市场定位以及业务特色等情况制订的一系列合规管理体系建设方案。

合规方案的制订是完成尽职调查后，企业开展合规管理工作的第一步，建立合规方案的主要目的是更全面、系统、有序地形成一套符合企业实际的合规管理体系，更快速有效地将合规嵌入企业全业务流程和各级组织架构中，实现合规优先于业务，合规保障业务。

合规方案应在合规体系建设正式开始前完成建立并做好宣贯工作，

保证企业充分了解和熟悉合规管理体系建设的目标、内容、阶段以及重点方向等，做好准备和配合工作。

（一）合规方案的定制标准

1. 针对合规风险点

合规实际上是为了防范合规风险的企业治理结构，本质是企业治理，而企业治理就是对企业运行过程中可能存在的战略风险、经营风险以及财务风险这三大类风险进行的管理。合规管理体系建设最主要的目的和内容就是防范和控制上述风险，实现合法合规经营、健康持续发展。因此，在合规方案定制的过程中，针对重要合规风险点制订方案并作出评价是必然要求。

我国目前的合规管理体系多是以行政主导的方式推行实施的，国资委印发施行的《中央企业合规管理指引（试行）》拉开了我国中央企业合规管理体系搭建的序幕，《中央企业合规管理办法》对中央企业的合规管理进行了全面规定，体现了近几年各央企及其下属企业合规体系建设及运行过程中总结的经验，对于国有企业的合规管理工作具有重大指导意义，也必将成为央企合规管理体系后续建设及完善的主要法律依据。要想让合规体系真正渗透到企业管理的每一环节和业务领域，必须针对关键风险点做专项合规或重点领域合规，搭建专门的合规管理体系，层层剥茧，层层递进，从体系建设到制度落实，从方案制订到合规执行，真正做到由表及里、由浅入深。

因此，要想搭建一个能够直接预防企业及员工包括管理层免受行政处罚或刑事追责的合规管理体系，就应当在定制合规方案之时，结合企业所处行业情况、历史经营情况，通过大数据分析等途径，密切关注企业的高频经营行为以及对应的高频风险点，作为合规方案定制以及后期合规管理体系建设的重要方向。在定制合规方案之时，既要建立健全企业统一的合规管理框架，更要强调针对各类合规风险点建立若干个相互联系同时又互相独立的专门性合规管理体系，从合规风险的识别、预防及应对等角度使企业合规真正成为一个多维度、立体化的管理体系，全方位维护企业的健康生产经营。

2. 与企业治理和日常经营管理相结合

企业治理，狭义上可以理解为企业的“三会一层”制度及其运行机制，即股东（大）会、董事会、监事会和经理层，在企业经营运转过程中，将股东、董事、监事、高级管理人员、员工以及其他内外部关联方的诉求有效地转化为企业的决定和行动，协力推动企业有序经营发展。因此，用企业合规约束企业治理，完善治理结构、健全制度体系、规避合规风险是企业健康常态发展必须具备的要素。

要想做到企业合规与企业治理相结合，首先要求企业的所有者、经营者、管理者、监督者恪尽职守、规范履职。其次“三会一层”治理体系在决策企业各类事项之前，应当先保证自身的合规性以及决策流程的正当性和合法性。在定制合规方案以及推进合规建设之时，应当用合规的思路对“三会一层”治理结构进行一次全面的体检自查，剔除风险因素，矫正不当行为，并将合规纳入治理层面，结合企业实际，在企业治理的一定层级上合理设置合规组织，保证其权威性和独立性的同时，作为企业治理的一部分，时刻规范企业的决策和行动。

另外，企业日常经营层面的合规管理也是企业发展战略和执行环节的重要组成部分。制度的执行力，是治理能力的重要检验标准，制度执行越规范，治理能力越有效，制度执行越有力，治理效果越明显。作为企业经营管理和各类规章制度的执行者，不管是企业的高级管理层还是各业务体系，均应根据各自的岗位分工对企业的合规管理承担相应的责任。

合规管理不仅仅是对企业决策和制度的管理，更应该与企业的执行环节和各业务领域进行深度融合，明确合规管理部门及组织机构，并为履行职责配备充分和适当的合规管理人员，在与企业的内控、风控、审计等部门保持相互独立的同时进行充分的互通配合，共同协调和监督企业各组织机构的业务经营和执行工作，通过合规管理、守法经营获得企业经营的健康可持续发展。

3. 符合企业合规的共性问题

我国目前的合规管理体系建设并非纯粹基于市场的发展需求应运而生，而是具有较强的行政引导性质，相关政府监管部门、标准化组织先后制定并印发了《中央企业合规管理指引（试行）》《企业境外经营合规管理指引》《合规管理体系 要求及使用指南》《中央企业合规管理办法》。同时，我国各地以及各行业关于合规建设的行政类文件如雨后春笋般竞相出台，给我国各类企业的合规建设制定了一套符合中国企业实际情况的系统模板和参考标准，从合规管理组织架构、制度以及运行等各方面为企业提供了框架性的操作指南。

在此种社会环境下，各类企业要想搭建一套符合行政规范和市场要求的合规管理体系，首先可以参照上述外部监管、规范、指引文件的相关要求进行基本框架的搭建，与现行的合规建设的共性标准相适应，有效规避误区，少走弯路，达到事半功倍的效果。而且毋庸置疑的是，符合行政指引文件标准的合规管理体系更容易被市场和行政监管部门所接纳，企业可以通过上述指引获得市场的认证以及行业的信任，为后期开拓市场提供一张通行证的同时，也为潜在的贸易、交流与合作打开了第一道关卡。

不仅如此，由于我国目前的合规建设正在市场上快速铺开，同时

“刑事合规不起诉”试点工作也在如火如荼地开展，相关各项机制均在逐渐健全和推广实施。因此，建立一套符合行政指引的通用合规管理体系，不仅能够作为行政主管部门督促企业合规整改和第三方监管验收的有效标准，同时在可能涉及违规或被关联方的违规事项牵连之时，能够作为司法机关对企业量刑或监管整改的考量依据。

4. 突出企业合规的个性问题

共性标准是企业合规在市场上生根发芽的立足之本，但合规管理归根结底是企业为了防控政策风险、市场风险、行业风险以及自身风险而设置的一整套管理体系，其中最主要、最关键的风险是企业自身因经营、业务以及管理等滋生出的各类法律问题。因此，立足企业内部真实情况量身定制合规方案、启动有针对性的合规管理体系建设才能从根本上解决企业高速发展与健康平衡之间的突出矛盾。

不同企业由于历史背景不同、经营范围不同、业务领域不同、组织架构不同以及企业规模不同等诸多因素，对合规管理体系的需求和侧重点也必然不同。在定制合规方案时，企业应当根据自身的实际情况量体裁衣，结合自己的发展阶段和当前困境合理选择合规建设的内容。例如，初创企业，组织架构和文化建设尚未完全成熟，在开展合规管理体系建设的过程中，首先可以选择将合规组织有效嵌入企业的组织架构中，并从制度和文化层面对企业整体进行合规概念的浸润，将合规管理作为企业长期发展目标的核心抓手之一，从基础合规做起。而对于具备一定市场和规模的大型企业，由于它们的商业模式已成形，管理标准已形成一套系统的操作规范，因此在定制合规方案的过程中，应当更加强调合规建设的操作性和实用性，在原有系统架构上合理嵌入合规组织、融入合规元素，从风险识别、风险评价和风险问责等角度进行规范，着力解决现行发展态势下的合规问题，矫正违规行为，为企业的百年基业保驾护航。

世界上没有两片相同的树叶，市场上也不会有两个完全相同的企业合规实践。合规并非行政机关为企业强行设立的一套操作标准，而是市场和企业自身发展到一定阶段的必然选择。如果将合规仅仅定位为企业应对外部行政主管部门监管要求甚至减轻或免于承担行政处罚、刑事追究等法律责任的“金书铁券”，那么这种合规必然是畸形和失败的。合规具有较强的预防和诊疗性质，不同企业必须根据自身的不同症状和不同体质对症下药，立足于自身的重点业务领域和历史高频处罚环节，定位关键风险点，作为合规建设的核心和主要抓手，针对性设置合规方案，打造专项合规计划，铺设一条符合企业实际和市场行情的个性化合规道路，有效解决企业的合规需求，瞄准企业的痛点，保护企业的“咽喉业务”，从“营养供给”和“疾病诊疗”的角度为企业定制合规体系。

（二）合规方案的主要内容

合规方案作为合规管理体系搭建的纲领和指引性文件，其内容应当紧紧围绕促进合规管理体系系统化搭建并顺利有效推行的目的而设置。在定制合规方案之前，企业首先应当对自身的合规需求进行准确评估，从自身的实际情况出发，充分考虑企业的实际经营情况、常规法律风险点、所在行业的市场发展前景以及国家层面和相关行政主管部门对合规领域的监管要求，并合理预判未来一定时期内的行业发展趋势和商业模式特点，在此基础上进行合规评估，初步拟定合规建设的方向，形成合规方案的主要内容。

1. 凸显合规建设的价值和意义，培养良好的合规文化和氛围

合规管理作为企业治理的一部分，与企业的风控、内控、审计等管

理手段一样，在提升企业依法经营水平、保障企业持续健康发展等方面能够创造巨大的管理价值。同时，企业合规还能在运行过程中，有效助力企业风控、内控、审计等系统实现目标，填补管理真空，形成管理合力，提升企业管理水平。在风险防控方面，合规具有高度的前瞻性和卓越的执行力，能够有效降低和防范潜在风险，严格监测和处置既存风险，实现企业与关联方违规行为的隔离，减少企业财产和声誉损失。合规具有企业风控、内控以及审计等机制都无法替代的管理价值。因此，在企业着手开展合规建设之时，应当首先向企业管理层和所有员工明确合规建设的意义和价值，增强员工的责任心和参与度，有效提高后期合规建设的执行效率。

在个性化建设方面，几乎所有的企业和管理者都在摸索中前进，对企业员工来说，更是很难找准自身在合规建设中的角色和定位。因此，在开展合规建设的前期，应当首先开展好合规建设的价值宣贯和文化浸润工作，将合规价值观和合规文化的培养作为合规建设的坚实基础和合规方案的重要内容，通过开展合规宣传、合规培训以及模范学习等方式，让企业的各个业务部门和每个员工都熟知合规概念，了解合规建设的意义和内容。营造良好的合规氛围，做到合规经营、人人有责，共同助力企业合规建设的有效推进。

2. 建立健全合规管理组织体系，强化合规组织领导及管理职能

合规管理组织体系，包括董事会、监事会、经理层、合规管理委员会、合规管理负责人、合规管理牵头部门、职能管理部门、监督部门、业务部门、专兼职合规管理人员和全体员工。

一个高效的管理型组织能够有效提高企业的管理效果和运行效率，要想实现合规建设的目标任务，首先应当在企业内部搭建一个符合企业实际、具备权威性和独立性的合规组织作为企业合规建设的“掌舵人”，

按照条块结合、以块为主、分工负责、分层把关的原则，建立健全合规工作的组织架构，组建合规办公室，设立合规工作专职或兼职人员，建立和完善合规负责人和合规委员会联系人制度，进一步明确合规负责人和合规办公室联系人管理和协调职责，使得合规管理有效融入业务口日常工作中。

同时，必须对企业的各个层级和各个部门划分与之相适应的合规管理责任，将合规落实到每一个岗位职能和权责体系中，从董事会到各个业务部门和业务人员，级级明权责，层层抓落实，建立完善权责明确、边界清晰、运转高效的合规管理工作体系，强化从企业领导、主要负责人到具体业务岗位的合规责任制，结合实际基层业务及管理需要，以“重点部门、重点人员、重点业务、重点产品”为导向开展工作。

未设立董事会、监事会的企业可根据自身实际确定本单位合规管理工作的决策机构、监督机构，履行本企业章程及规章制度规定的合规管理职责。

3. 完善合规管理制度体系建设，全面规范企业行为

合规从来都是自上而下的合规，要想搭建一套系统化的合规管理体系，必须从居于企业顶层的管理组织和规章制度层面着手，在合规管理组织建立并有序运转的基础上，全面梳理企业内部各类规章制度，根据企业自身经营范围、业务规模及所适用的法律法规和国家标准等外部监管要求，以合规为导向，建立完善以合规管理办法为核心，重点业务领域的专项合规管理指引等专项制度为基础，合规手册为纲领，机制、流程等配套制度为串联的合规管理制度体系，形成合规制度层面的“四驾马车”，有效驱动企业合规高速平稳地发展。

同时，合规管理制度不能仅仅是空中楼阁，应与企业内部各种工作制度和业务流程相结合，建立合规风险的识别和管理、违规行为的举报

和责任追究、合规绩效考核、合规教育与培训等方面的程序和流程，强调其针对性和操作性，保证所有员工在工作时能够准确理解并遵守。完善监督和追责机制，形成违规必究的氛围，以主动合规为主，被动鞭策为辅，保障合规制度的落实。同时，充分发挥企业管理者的带头示范作用和企业合规组织的脉络牵引作用，将合规制度执行深入企业内部各业务领域和责任部门，将合规要求渗透到企业的每个岗位、每个业务环节中，实现合规血液贯穿全脉。

4. 完善合规风险的防控机制，建立合规风险的预防、识别和应对体系

合规管理对企业而言本质上是一项预防工作，如何建立一套完整的合规风险防控机制，有效识别和预防风险，保障企业经营和员工行为符合法律法规、商业准则以及企业制度等，是合规建设必须首要考虑的问题，也是评估一个合规方案是否完善、有效的重要标准。

在企业合规建设的过程中，基层员工作为企业最庞大的主体，是合规预防屏障最关键的环节，对企业合规建设能否有效落地实施并发挥效用起到非常重要的作用。因此，企业应花费较大的精力在基层员工内心筑起一道合规防线，如可通过持续开展针对基层员工的教育和培训，将规则和准则、合规政策、合规意识和合规职责等要求及其精神实质，深植于基层员工的意识中，确保员工具备应有的专业素养，为企业的合规建设铺平道路。

就企业合规而言，合规重点培训对象是企业的主要领导岗、各业务部门管理岗、核心业务部门全体员工、法律专职岗等人员。在开展合规培训之时，应结合岗位特征和职能范围合理选择培训内容，以法律专职岗为例，进行学习培训和业务实践的内容，可以包括纠纷业务、合同管理、规章制度审核、档案及台账制作、授权管理、其他工作流程事项

等。在培训期间，将理论与实务相结合，指导处理业务工作遇到的合规问题，并对其完成的具体工作情况作出评价和考核。在提高员工业务水平的同时，增强员工的合规操作能力。

5. 启动合规信息化建设，协助企业建立合规数据库

对于合规管理体系建设工作来说，全面、准确识别企业的合规风险是其他所有合规工作的前提和基础，要想全面识别合规风险，最直接的办法就是结合内外部合规要求，对企业和员工的所有行为进行逐一分析，这种办法在实务中听起来并不具备操作性，但是随着信息技术的发展，可以通过打造合规数据平台的方式接近实现。

合规数据平台是在全面梳理企业外部的法律法规、国家政策、行业监管要求、市场行为准则、商业伦理道德等，综合考虑企业实际需求和常规风险点的前提下建立，由法规库、制度库、案例库、培训试题库、风险库等子库共同组成，平台数据动态扩增，支持查询、智能数据分析等功能，企业在拟开展某一项商业行为之前，可通过一键检索的形式，查询行为违规点、潜在风险环节以及可能出现的法律后果等，协助企业准确识别风险内容，并采取有效措施规避和应对，为企业业务的开展和合规管理工作赋能。

在企业的经营运转环节，也可利用数据平台为抓手，无缝嵌入合规元素，协助企业了解国家法律规定、政府政策、行业监管等硬性要求，以及交易习惯、商业道德等市场环境要求，评估并掌握可能来自外部的不确定合规风险，化被动检查为主动提示，在合规数据平台所织就的庞大、细密且动态延伸的智能合规保护网之上，放心合规发展。

（三）合规方案的计划实施

合规管理体系的搭建并非一日之功，也不可能在短期内起到立竿见

影的效果，从计划开展合规建设时起，到合规组织的成立、合规制度的完善、合规运行机制的正式运转，再到合规建设真正形成一张系统、严密的防控网，全方位守护企业的经营行为，这必将是一项长期工程，应当在合规方案中明确划分阶段，稳打稳扎、步步为营，有序推进合规建设。

1. 磨合与初建阶段

合规项目开展前期，企业合规基础相对薄弱，在这个阶段，应以强化管理顶层设计、实现依法依规治企为起点，通过章程、议事规则、规章制度的修订与完善，以及党组（党委）、董事会、监事会和经理层的合规管理职责和边界划分，将“合规”的概念及合规管理事项纳入公司“三会一层”治理体系，从顶层开始，逐渐向公司内部渗透“合规”的思想和标准。同时，组建并确定合规管理体系建设的牵头部门和责任人员，明确任职资格、职责范围等，保证合规管理重大事项的研究决定，以及合规管理体系建设的指导、监督和评价等各项工作落实到岗、到人。此外，梳理企业各业务条线，分别确定各业务部门的合规管理责任人，负责运行阶段的合规管理落实，如合规事项的实时监测与预警、合规风险识别、合规事项审查、合规风险通报等工作。通过制度和组织体系的搭建，统筹推进依法治企、合规管理。

本阶段推进过程中，可根据企业的重点业务领域或实际合规需求，通过分领域、分板块开展合规管理试点的形式，制定包括但不限于治理结构、顶层设计、岗位设置、制度文件等内容的初步合规测评报告，完成“确定人员、梳理问题、完善制度”三项工作，研究制定合规管理办法，扎实推进合规管理制度建设。另外，还可同步开展与合规管理相关的培训、调研、普法、访谈、倡议工作，制定合规文化手册，完善法律合规保障机制，做实法律风险防范责任制。

2. 全面推进阶段

在前期试点及磨合的基础上，由点及面，由表及里，由重点业务逐步推广到全部业务领域及企业下属单位，对于在试点阶段出现的问题进行总结和反思，对排查流程进行优化，基于试点成果，在各领域形成管理制度、操作流程、风险应对机制等管控措施，推动企业全面开展合规管理体系建设。

更为重要的是，本阶段合规建设应致力于全面推动合规管理与内控、风控、审计管理的融合，形成一体化发展机制，实现合规管理推进业务流程工作。同时，合规教育要全面纳入员工培训，培养员工合规意识，营造“人人合规”的文化氛围，形成常态化机制，建立员工合规记录，强化依法合规经营绩效考核，从主动与被动两个层面促进员工合规。逐步建立覆盖合规管理各个职能的信息化系统，形成覆盖企业全业务、各层级、全流程的合规风险库，以及程序化、表单化的合规管控及治理措施，推进完成相关重点领域的合规业务指引，在合规层面上做到有据可依。

3. 常态运行阶段

经过前两个阶段的积累和沉淀，企业的合规管理体系已经具备一定的规模，并能够系统化运转。因此，本阶段的主要工作任务即通过建立健全保障和监督管理机制等措施，持续更新改进，始终拧紧合规经营的“保险栓”，做到节奏不乱、方向不歪，促进合规管理不断迭代完善并长效运行。

由于企业的发展战略不同，所处的行业背景和市场环境也在不断变化，因此，合规管理也需要不断地适应和发展。合规管理组织及责任部门在合规管理体系建设完成后，仍需要根据国家法律法规的修订、政府政策的调整，以及市场的发展，不断识别新的风险，实时更新合规数据库，并结合合规管理过程中积累的经验，优化应对方式，改进合规管控制度和流程，提高合规能力和风险防控效果，做到合规管理体系的动态发展，持续更新。

在常态化运行阶段，企业还可以逐步探索并充分发挥时代优势，借助互联网和云系统、大数据等信息化手段，对企业的合规管理体系进行查漏补缺，提高合规管理事项的科学性。同时，利用信息技术不断优化管理流程，准确识别合规问题，精准把控经营风险，自动生成合规管理改进方案，在不断积累的经验和一次次的优化过程中，实现合规能力的螺旋式上升，从而逐步实现在识别风险、管控风险、应对风险、改进避免风险等环节形成合规管理工作的闭环，建成一套稳健、成熟的主动合规体系，节约合规成本。

三、企业合规管理体系建设的工作思路

（一）以风险识别与管理为基本导向

合规风险识别与评估是合规管理体系建设的基础性工作，只有全面梳理企业面临的合规义务，才能使企业的合规管理部门全面、系统地了解企业面临的合规风险，进而有针对性地实施管控。为此，应结合企业的实际情况，通过多元化的手段，为企业全面识别企业业务主要面临的外部监管规定，编制法律法规清单，并在此基础上从合规义务概述、具体表现形式、违规后果等方面形成合规义务清单，明确企业合规管理的红线、底线。

另外，企业的合规风险识别与评估工作，既要覆盖各项通用风险领域，还应紧密围绕企业业务特点，聚焦市场交易、招投标、数据保护、

安全环保、劳动用工等合规领域，有针对性地进行专项建设。

此外，企业在日常合规管理工作中，应切实运用、落实合规义务清单，使其成为企业各部门在开展日常工作时可以参考的一份合规风险指南，充分发挥合规管理对业务运营的支持和保障效果。

需要重点关注的是，合规义务的梳理方法为：(1) 查找主要法律法规；(2) 析出法律法规中的禁止性、义务性、效力性规范，形成规范清单；(3) 以合规义务的表达方式，转换为主要合规义务；(4) 输出主要合规义务清单。

基于以上对企业需要关注的多个风险领域的合规义务进行系统化的梳理，并在一级风险领域下按照具体的业务环节或流程细化出二级风险领域，以确保按照业务实际开展的脉络来梳理合规义务。例如，以下合规义务清单共包含 13 个一级风险领域，77 个二级细分风险领域，接近 900 项合规义务，如表 3.2 所示。

表 3.2　合规义务清单（参考范本）

一级分类	二级分类	一级分类	二级分类
反贿赂	礼品、招待	劳动用工	劳动合同签订
	捐赠、赞助		劳动合同变更
	差旅费		劳动合同解除
	利益冲突		劳务派遣
招标	招标文件制作与公告		非全日制用工
	招标资格预审		工会管理
	招标程序		竞业限制
	投标人资格		劳动报酬与年休假
	投标文件制作与送达		福利保障
	投标程序	财务管理	资金营运
	开标与评标		预算管理
	中标与标后管理		成本控制

续表

一级分类	二级分类	一级分类	二级分类
安全生产	场所与设备管理	财务管理	会计核算
	从业人员管理		收益分配
	管理人员配备与履职		重组清算
	生产过程管理		投资分析评价
	事故应急救援与调查处理		信息披露与管理
	制度与资金保障		财务监督
	质量体系与标准	税收管理	税收程序管理
环境保护	环境管理体系		税收征收程序
	建设项目环境影响评价		税收保障程序
	排污许可		税务稽查程序
	大气污染物排放		增值税
	水污染物排放		所得税
	工业固体废物管理		财产税
	土壤污染防治		其他税种
	噪声污染防治	商业伙伴	商业伙伴分级分类管理
	突发环境事件应急管理		商业伙伴背景调查
	环境信息公开		商业伙伴评估与准入
产品质量	生产、销售管理		合同签署与付款
	产品信息与质量标志		商业伙伴的持续评估
	产品质量监督检查		违规商业伙伴的处理
	强制性标准	保密	国家秘密保护
	企业标准		商业秘密保护
公司治理	登记管理	知识产权	商标
	报告及公示		专利
	“三会”运作		著作权
	董监高任职与行为规范	网络安全	网络运行安全
			网络信息安全

建立上述体系化、矩阵化的合规义务清单，企业能更好地搭建合规义务清单的框架结构，使得企业对外部监管要求及相关合规义务的梳理更加体系化、系统化。

为了更好地指导员工的日常行为，合规义务清单应该对每一项具体的合规风险点，从合规义务概述、表现形式、风险案例、违规后果、法律依据等角度加以阐述，如表 3.3 所示。

表 3.3　合规义务清单实例

类别	事项	义务概述	表现形式	风险案例	违规后果	法律依据
招标投标	程序	不得在投标过程中以他人名义投标或者以其他方式弄虚作假，骗取中标。	（1）使用通过受让或者租借等方式获取的资格、资质证书投标的；（2）使用伪造、变造的许可证件；（3）提供虚假的财务状况或者业绩；（4）提供虚假的项目负责人或者主要技术人员简历、劳动关系证明；（5）提供虚假的信用状况；（6）其他弄虚作假的行为。	2018年6月，某工程建设领域中央直属企业的二级单位在某项目投标过程中提交伪造文件，被省交通运输厅罚款273万元。	（1）中标无效，给招标人造成损失的，依法承担赔偿责任；构成犯罪的，依法追究刑事责任；（2）尚未构成犯罪的，处中标项目金额千分之五以上千分之十以下的罚款，对单位直接负责的主管人员和其他直接责任人员处单位罚款数额百分之五以上百分之十以下的罚款；有违法所得的，并处没收违法所得；情节严重的，取消其一年至三年内参加依法必须进行招标的项目的投标资格并予以公告，直至由工商行政管理机关（现市场监督管理部门）吊销营业执照。	《中华人民共和国招标投标法》第33条、第54条，《中华人民共和国招标投标法实施条例》第42条。

企业及咨询服务机构在梳理、编制合规义务清单的过程中，除参考、借鉴类似项目中的既有工作成果外，还应投入时间和精力了解企业业务的具体特点和工作流程，使合规义务清单更加贴近企业的业务实际。

（二）推动合规管理与企业原有体系的统筹和衔接

目前，中央企业及相当一部分地方国有企业都建立了全面风险管理、法律风险防控、内部控制、安全环保、企业内部监督体系（如审计、纪检监察、法律、财务等）等相关工作体系。国有企业除需要建立完善的企业合规管理体系外，还需要遵守国务院国有资产监督管理委员会发布的《中央企业全面风险管理指引》《关于加强中央企业内部控制体系建设与监督工作的实施意见》等一系列重要文件要求。2021 年，国务院国有资产监督管理委员会发布了《关于进一步深化法治央企建设的意见》，进一步要求中央企业在效能提升方面，要探索构建法律、合规、内控、风险管理协同运作机制，加强统筹协调，提高管理效能。

基于以上，国有企业在推动合规管理体系建设的过程中，需要处理好原有各体系之间的关系，应一定程度上遵循“后建让先建”的原则，避免在机制上就面临重复设置或者说是资源的过度配置。

企业应基于外部监管要求并结合自身实际情况，在本项目开展过程中开展以下工作，将合规体系与企业现有的风控、内控及法律管理体系进行结合，实现“强内控、防风险、促合规”的目标：

（1）借鉴全面风险管理体系中关于风险控制“三道防线”的思路，搭建或完善合规管理牵头部门与业务部门、纪检监察、审计部门在合规管理职能上的分工与合作机制；

（2）在开展合规风险识别和评估时，借鉴《企业法律风险管理指南》中关于法律风险清单梳理的工作方法和评估标准，梳理合规风险点并形成合规风险库，确定重点领域；

（3）充分利用审计、内控、法律事务管理中产生的工作成果（如审计报告、内控报告、合同审查意见），发现具有代表性及普遍性的合规风险点，并将经决策采纳的整改措施、风险防控措施、法律审查意见等，通过合规成果转化机制，转化为合规管理的依据或合规管理制度。

（三）制定合规建设规划，循序渐进地推进合规管理工作

合规管理体系建设是一个长期的过程，应该有明确的规划并分阶段完成。在建设过程中，应细化合规体系建设的整体规划，通过两年到三年的时间，有针对性地在不同的下属单位，根据不同的业务类型与风险领域，有步骤地开展合规体系建设工作，把合规风险防范逐步深入各个业务领域和二级单位，形成一个覆盖全面、重点突出、管控到位的合规管理体系。

第二节　企业合规管理的外部影响要素

一、合规管理体系建设的政策要素

合规、合规管理、合规管理体系，对于银行业、证券业、保险业以及涉及境外经营的部分企业而言并不陌生，很多企业已经初步形成了对合规管理整体概念的认识和理解，并结合各自的行业特性，开展了相关制度体系建设，且取得了一定的效果。

近年来，国务院国有资产监督管理委员会持续释放政策信号，要求中央企业及各地方国有企业建立和完善合规体系，并提出了明确的工作目标和要求。2015 年，国务院国有资产监督管理委员会、国家发展和改

革委员会等监管机构通过一系列政策、规范、指引，为企业合规管理体系建设的正式提出不断进行着准备和铺垫。

直至2018年11月2日，国务院国有资产监督管理委员会印发《中央企业合规管理指引（试行）》，对由国务院国有资产监督管理委员会履行出资人职责的国家出资企业全面加强合规管理、提高依法合规经营管理水平提出了更为细致、明确的要求和指导。至此，对于企业合规管理最具有标志性、代表性意义的监管文件的印发，形成了所谓“一分为二”的监管规范脉络。

《中央企业合规管理办法》已正式发布，并自2022年10月1日起施行，该办法对中央企业的合规管理进行了全面规定，体现了近几年各中央企业及其下属企业合规体系建设及运行过程中总结的经验，对于国有企业的合规管理工作具有重大指导意义，也必将成为中央企业合规管理体系后续建设及完善的主要依据。

截至2021年9月，大部分中央企业均通过不同的方式着手开展了合规管理建设工作，同时在地方层面已经有超过20个省级行政单位在其辖区范围内开展合规管理建设工作，部分省市的大型地方国有企业甚至走在了合规管理建设的前列。

2022年是国务院国有资产监督管理委员会重点部署、推动的“合规管理强化年”，数次会议强调中央企业必须把强化合规管理放到贯彻习近平法治思想的高度来认识，放到落实全面依法治国战略的全局来部署，放到保障企业高质量发展的层面来推动，力争推动企业合规管理工作再上新台阶。

二、合规管理体系建设的咨询服务市场现状

很多企业通过政策、规范以及具体的合规风险事件，对合规管理有

了一个初步概念，具体到底什么是合规管理，要合哪些规，怎么合规，怎么管理，如何建设和维护，怎么应用，能最终达到什么样的效果，还是不甚了解。鉴于此，借助外部力量开展、指导、辅助合规管理建设工作，就成了很多企业的普遍选择，由此也就产生了目前比较热门的服务领域——合规管理体系建设的咨询服务。合规管理已成为法律服务行业新的热点和蓝海，大量的律师事务所已经专门设立或改组成立合规部门或合规团队，提供专业的合规管理法律服务。

由于合规管理本身的复杂性、复合性、持续性，以及从字面上理解，合规管理最终落脚点是“管理”，属于一项“管理”性质的工作，在市场上提供合规管理咨询服务的机构也不再局限于传统律师事务所这类专业法律服务机构。不同类别的咨询服务机构的介入，为致力于开展合规管理建设工作的企业提供了更多的选择，同时也使很多企业陷入了选择困难——到底该选择怎样的机构提供合规管理建设服务。不同类别的咨询服务机构的介入也就有了不同的切入点和差异化的服务角度。

以“合规”为主的切入角度：

律师事务所往往以“合规”为角度，切入合规管理体系建设工作。合规管理体系建设的第一个难题，就是弄明白“规”，公司日常经营管理到底需要遵守哪些“规”；这些“规”都是什么含义、什么要求；如何遵守这些“规”；如果违反特定的“规”，会产生什么样的后果；这样的后果，公司能否承受，怎样降低不利后果的影响。

律师事务所作为法律专业领域的服务机构，往往对法律、法规、监管准则、行政规范性文件有着较深的认识和理解，同时，由于长期处于各类非诉交易、诉讼（仲裁）纠纷的工作一线，服务不同层次、不同行业、不同性质的客户，往往还具备更多的实践经验，有很多“第一手”资料。很多争议案件、风险事件，对于某一特定公司来说，可能是“百年一遇”“头一遭”“第一次”，而对于某些身经百战的律师来说，则可能是他们处理的第十个、第一百个甚至第一千个案件，已经轻车熟路。

律师事务所提供的合规管理体系建设服务，优势也就在于此。

以“管理”为主的切入角度：

会计师事务所、管理咨询机构往往以“管理”为角度，切入合规管理体系建设工作。行业中已经渐渐达成了共识，大量的公司也都认识到了管理咨询公司的重要性。管理咨询机构已经为大量的公司提供过，如五年战略、集团战略、集团成员企业差异化发展规划、子业务、子板块发展规划、核心职能战略、战略管理体系等相对宏观的管理咨询服务，已经较为熟悉公司的各项业务模式和场景，同时以“管理”为切入点，也便于公司理解和接受合规管理体系建设工作。

此外，大量的会计师事务所、管理咨询机构提供过企业内控、风控体系建设服务，提供过管理体系搭建、内控与风险管理、信息化管理、制度体系管理等服务，也与合规管理体系建设工作具有一定的相似性，甚至在“风控、法务、合规、内控”四位一体的改革趋势下，由会计师事务所、管理咨询机构提供合规管理体系建设服务，在市场上也屡见不鲜。

三、对企业选择合适的合规咨询服务机构的建议

1. 先看企业自身的特点情况

合规管理体系建设最终受用的还是企业自身，一套体系、一套制度、一套方法，到底好不好，能不能产生效果，最终要看是否符合企业的现状和具体情况。所以，企业清楚地了解自己的情况和需求，就显得尤为重要，毕竟即便同样是合规管理体系建设，国有企业和民营企业的

需求可能不一样，地方国有企业和中央企业的需求也可能不一样，甚至同是中央企业，但处于不同行业，也可能存在一定的差异。

企业在具体剖析自身需求时，可以从如下几个要素展开：成立时间、从事行业、用工人数、管理层级、企业规模、是否涉及境外业务、是否涉及特别监管、是否涉及合规风险事件、是否涉及行政处罚等。

2. 再看咨询机构的专业实力

弄清楚了企业自身的需求，紧接着要了解为企业提供咨询服务机构的专业实力。一个机构做过多少合规管理体系建设的案例对于判断企业的合规专业咨询能力具有一定的参考价值。但是更为重要的指标是合规管理体系建设服务的持续性。对企业而言，最重要的不是形成合规管理手册、合规管理办法、合规管理行为准则等一系列内部规章制度，而是如何把合规管理制度真正落到实处，让企业、所属企业、全体员工相信、认同、信奉，并变成实实在在的组织行为和个人行为。

如果一家咨询机构只能提供前期的服务内容：企业合规建设的调研报告、手册、制度、细则、规范等文件，而不能提供后期的合规落地方案、培训等，那么，这家咨询服务机构的专业度是值得怀疑的。哪怕目前企业的合规咨询需求只是要形成一本“企业合规手册”、要一项“合规管理办法”，也需要清楚，真正优秀的咨询服务机构，一定是基于企业的合规管理“能用”“能见效”的目的来满足企业的需求。

所以，企业在选择一家专业咨询服务机构的时候，不仅要关注前期“梳理、提炼、升级合规理念”的事项，也要关注咨询服务机构是不是做过企业合规的深度咨询、服务，如落地实施、试运行测试、评估调试等。

除此之外，提供咨询服务机构的行业地位、专业能力、专业人员、经典案例、机制体制、人员配备、响应时限等，也是重要的考量因素，当然这也是选择一般供应商、服务商的要求。

3. 开展竞争性谈判（公开招标）

在采用公开招投标方式时应当注意如下几点：

（1）尽可能量化、细化准入标准，提高准入门槛；

（2）尽可能采用企业自行组织招标的方式，避免由招投标代理公司代替企业作出最终决策，因项目、金额、内部管控制度等原因，必须选定招标代理公司组织的，应当妥善选择评审委员会的成员；

（3）尽可能为参加投标的咨询服务机构提供细致的当面沟通、述标、澄清的机会，不能仅通过书面材料的评比、打分，就确定最终的中标单位。

第三节　企业合规管理的内部实施方法

一、企业合规管理体系建设的事前准备

（一）合规管理需求的沟通与把握

1. 合规管理本身的特性

合规管理是一件好事不假，但是到底要不要做这么一件事，怎么做，花费多大的代价来做，在看不清或者把握不准最终收益的情况下，可能往往要看这件事所要付出的成本。而合规管理，或者说是相对完善的合规管理体系的建立、建成，却是一件高成本的事。合规成本高，主要表现在以下几个方面。

（1）合规所花费的不只是金钱的成本，还需要人力、物力、心力；

（2）合规与买资产不同，钱花了，费用支付了，但对企业的财务报表没有直接收益；

（3）做到合规，特别是高标准的合规，可能会失去一定的交易机会；

（4）合规的效果不易被发觉或者被发现。

这里所涉及的合规，指的是“大合规”“全面合规”“合规管理体系”的概念。基于合规的高成本特点，就产生了一个问题，追求合规，是不是企业在发展较高阶段的一个产物，只有吃得饱、过得好，才会考虑合规，才会希望活得更有合规的样子。对于一些企业而言，“大合规”确实是一个奢侈品，而“小合规”则特指专门解决一些关键性的合规点。是否有意愿开展合规管理工作，以及合规管理工作的深度、广度、宽度，与监管部门体检以后的惩罚措施、力度息息相关，也与企业所属的领域、企业的理念、企业自律的意识息息相关。

2. 基于合规管理本身特性的企业需求

企业在不同的发展阶段，对合规有不同的需求。但是不论处于何种发展阶段，企业追求的合规、合规管理一定是“低成本、高效率；有重点，可落地；投入与产出相匹配”的，也可以概括为两个“敏感”，即“时效敏感”和“价格敏感”。

（二）合规管理内涵的梳理和明确

一个相对完整的合规管理体系一般包括：方案规划（战略目标）、组织架构、制度体系、流程管理、绩效考核、支持工具等。

在企业的合规义务中需要开展合规管理体系建设项目，需要实现的工作目标通常包括：协助企业建立和完善符合自身实际情况，能够对标行业领先企业、跨国企业、央企、国企的有效合规管理体系，提升整体合规风险管理水平，有效识别、评估、控制合规风险并提出合规风险应对建议。

合规管理体系建设项目的工作目标主要包括两个方面。

（1）满足内部发展需求：提升合规管理水平、控制企业合规风险、完善合规管理体系、加强员工合规意识、培育企业合规文化、增强国际化竞争力。

（2）应对外部环境变化：外部执法环境日趋严格，社会信用体系的建立和完善，对企业合规提出更高的要求；合规守信的企业将在市场竞争中突显竞争优势；违规失信的企业可能面临联合惩戒，一旦违规可能牵一发而动全身；各中央企业、省属国有企业、大型民营企业、跨国企业纷纷建立合规体系，形成良好示范。

合规管理体系一般要素包括战略、组织、制度、流程、考核等。

战略：企业治理的首要任务是制定治理的战略目标，否则，缺乏目标和行动纲领，企业治理难以开展。合规管理体系建设也不例外，企业建立合规管理体系的战略目标也是为了服务于业务。因此，企业针对合规管理的战略必须匹配业务战略。企业要清晰地定义战略目标的使命、愿景，中长期目标及行动计划，用以指导合规管理体系建设的各项工作，合规管理工作一般是根据战略目标的制定而开展，随着战略目标的修订而修订。

组织：建立完善的合规管理组织架构是企业开展合规业务的关键，企业合规管理体系建设的一系列战略、目标、规划能否落地并得到有效实施，必然需要组织机构的配合落实，需要完成合规管理的组织建设，一般包括组织架构设计、部门职责、人员编制、岗位职责及能力要求、绩效管理等内容。

制度：企业的合规管理必须要有相应的制度，否则，合规管理工作的执行便没有具体的依据，再好的目标、计划、设想也会失去意义，因此，建立完善的合规管理制度很重要。企业的合规管理通常依据企业的制度框架和指导原则制定，将合规管理涉及的相关制度，纳入企业整体的规章制度体系之中。

流程：制定合规管理的流程框架（机制框架）也是合规管理工作的重要组成部分。合规管理的流程、机制主要包括合规风险识别机制、合规举报机制、合规文化培训机制等，这部分在其后的章节中也会有更细致的描述。

考核：要使合规管理体系运转好、运转顺、运转久，必须要做到“有奖有罚”“奖惩分明”，使合规管理工作变成一项与员工切身利益息息相关的工作，提高员工对合规管理的重视程度。一般而言，合规管理在绩效层面包括合规管理指标、合规认责机制、合规考核标准、合规管理的奖惩机制，以及合规管理过程中的一系列活动集合。

二、企业合规管理体系建设的事中把控

（一）对合规管理体系建设咨询服务机构的一般要求

企业合规管理体系建设与咨询服务机构存在三种关系：第一种是企业合规管理体系“自成一体”，企业仅仅依靠自身力量应对合规管理问题，没有咨询服务机构共同参与企业合规管理体系建设；第二种是企业合规管理体系“依附外力”，企业完全依靠咨询服务机构应对企业面临的合规管理问题，纯粹由咨询服务机构为企业搭建合规管理体系；第三种是企业合规管理体系“内外共建”，由企业与咨询服务机构合作建设

企业合规管理体系，由咨询服务机构传授给企业应对合规管理问题的方法，咨询服务机构同时进行“授人以鱼”和“授人以渔”的活动，使企业在与咨询服务机构合作的过程中不断增强自身应对合规管理问题的能力。相较而言，企业合规管理体系“内外共建”的关系，即企业与咨询服务机构合作建设企业合规管理体系的情形，是最为普遍，也是最有价值的。

在选择咨询服务机构时，需要注意以下几点。

1. 关注专项服务团队的组建

合规管理体系作为一项复合性、复杂性、专业性、持续性的工作，建设合规管理体系需要组建具有稳定性、了解企业所处行业且有类似项目经验的服务团队。企业应当关注咨询服务机构的具体人员配置、构成、背景、经验等要求，要求咨询服务机构为企业合规管理体系建设项目组建专门的、具有稳定性的服务团队。

专业咨询服务机构会根据企业法律事务的难易程度及其工作要求，合理安排服务团队进行工作任务和工作时间的安排，并结合不同服务人员所擅长业务的差异，科学分配工作内容，保证每一具体法律事项交由最专业的服务人员来做。同时，对于企业所涉及的重大法律问题由团队共同决策，遇有重大社会影响的事件或突发事件，服务团队应当向所在机构报告，经所在机构讨论，形成解决方案后，再向企业出具专业性的意见。

2. 关注专业工作小组的细分

除组建专项服务团队外，合规管理体系建设既是一项具有深度的工作，也是一项具有广度的工作。参考相关规定，需要加强合规管理的重点领域如下。

（1）市场交易。完善交易管理制度，严格履行决策批准程序，建立健全自律诚信体系，突出反商业贿赂、反垄断、反不正当竞争，规范资产交易、招投标等活动。

（2）安全环保。严格执行国家安全生产、环境保护法律法规，完善企业生产规范和安全环保制度，加强监督检查，及时发现并整改违规问题。

（3）产品质量。完善质量体系，加强过程控制，严把各环节质量关，提供优质产品和服务。

（4）劳动用工。严格遵守劳动法律法规，健全完善劳动合同管理制度，规范劳动合同签订、履行、变更和解除，切实维护劳动者合法权益。

（5）财务税收。健全完善财务内部控制体系，严格执行财务事项操作和审批流程，严守财经纪律，强化依法纳税意识，严格遵守税收法律政策。

（6）知识产权。及时申请注册知识产权成果，规范实施许可和转让，加强对商业秘密和商标的保护，依法规范使用他人知识产权，防止侵权行为。

（7）商业伙伴。对重要商业伙伴开展合规调查，通过签订合规协议、要求作出合规承诺等方式促进商业伙伴行为合规。

（8）其他需要重点关注的领域。

《中央企业合规管理办法》提出，中央企业应当针对反垄断、反商业贿赂、生态环保、安全生产、劳动用工、税务管理、数据保护等重点领域，以及合规风险较高的业务，制定合规管理具体制度或者专项指南。

对于一个专业咨询机构来说，或者对于任意一名提供咨询服务的专业人士来说，很难想象其能同时具备安全生产、劳动用工、知识产权、财务税收等方面的专业知识，这就要求提供服务的咨询机构需要结合企业、项目的具体情况和涉及的专业领域进行更为细致的专业工作小组分工，如A组负责劳动用工；B组负责知识产权；C组负责安全生产，同时，列明各小组的负责人，进一步明确职责分工，才能更及时、精准、高效地为企业提供专项服务。而这里的“负责”也并不是单纯的人员堆积，而是真的需要在相关领域具有专业知识和专业能力的人员参与到企业合规管理体系建设的项目中来。

此外，还需要注意的是，相关分工应当基于咨询机构对企业、项目的了解而进行设置和安排，如企业、项目后续有明确的要求，提供服务的咨询机构应当按照企业需要，及时调整分组，并配备相应领域的专业人员承接相关工作。

3. 关注专门联系人的设置

合规管理体系建设，既是一场“全面战争”，又是一场“持久战役”，既是一项千头万绪需要细心的工作，也是一项旷日持久需要耐心的工作。这就要求提供咨询服务的机构要与企业之间形成畅通、有效、不间断、无障碍的即时沟通，及时了解企业的要求和任务安排。

在沟通方式和渠道上，企业应当要求提供咨询服务的机构提供联系清单，列明为本项目提供服务的全部人员的联系方式，并明确分组分工。同时，要求确定一名或两名专门联系人，由其负责和企业的日常联系，接受企业的工作安排，并根据工作内容的差异向团队服务人员报送企业的工作安排。指定专门联系人的作用，一方面可以避免企业与咨询服务机构在项目对接时出现“多对多”的情况，进而导致信息不对称，沟通效率低下；另一方面也可以减轻企业自身的沟通成本，避免“一句话说三遍”的问题。

4. 关注处理咨询事项的即时性

对于企业所提出的相关建议或咨询问题，应当要求专门联系人在协助处理前，与企业的相关工作人员进行充分沟通，在准确理解企业的服务需求后，及时处理。同时，应当要求联系人实时跟进服务事务进展情况，关注各方的反馈意见，及时向企业汇报并出具对相关事务的专业意见，为企业提供全方位的专业服务。

企业为了可以获得高效的服务，也应当要求咨询服务机构充分地利用电话、电传、电邮、现场办公、约见等方式，保障沟通上的畅通，随时解答企业的法律咨询及处理企业各种专业咨询。

5. 关注工作记录的留痕

为了保障服务的质量，企业有必要采取一系列手段，确保各项服务和工作符合合规管理体系建设的总体规划和安排。因此，企业可以要求提供咨询服务机构落实工作记录、工作汇报机制，建立为企业服务的专项工作记录清单，提供服务的单位对企业交办的事务，要求一事一记、一事一档，所有工作记录全部在清单中予以标识，并明确工作内容、工作人员、工作时间、工作问题、处理结果、处理意见等，也可以包括修订、审核的合同意见、咨询的专业问题与解答等。

所有与企业有关的工作记录，都要在当天工作结束后反馈给服务团队的全体成员。同时，也可以结合具体项目的情况，在工作记录清单的基础上，增加周报、月报、重大节点报告制度，要求咨询服务机构及时和企业进行项目进展的汇报工作，并形成相对固定的汇报机制和渠道。

工作记录清单针对具体法律工作事项，体现服务人员的工作内容并对合同签订及履行过程中应注意的风险、应把握的重点进行着重提示，加强企业对具体事项的认识程度，并强化服务人员的工作效果。

（二）咨询服务机构进行合规管理体系建设的关键步骤

1. 合规管理体系建设的九大关键步骤

步骤一：前期工作内容划定及通知下达阶段

主要工作内容：与企业沟通合规管理体系建设整体目标，形成初步计划。

常规实施方案：

（1）在项目开启之初，就项目具体工作内容与企业进行深层次的沟通，明确项目汇报沟通机制，提出初步工作计划建议，为最终确立具体工作计划提供参考。

（2）在协助企业确立具体工作计划后，正式启动合规体系建设工作。以法律法规规定及企业内部文件为依据，初拟《关于企业开展合规体系建设工作的通知》。

（3）在前期准备阶段，咨询机构会出具《合规管理材料清单》，收集开展项目相关工作所必需的前期材料，包括企业的相关规章制度文件等，要求企业根据清单提供相应材料。

阶段工作成果：《关于企业开展合规管理体系建设工作的通知》《合规管理材料清单》。

步骤二：开展合规启动培训，以保证合规体系建设工作的顺利推进

主要工作内容：对企业员工进行合规启动培训。

常规实施方案：

企业进行合规体系建设，目的是达到企业期待的合规效果，使企业感受并获得合规带来的正向效果。合规体系建设项目的顺利完成并最终达到企业预想的效果，离不开企业相关部门及人员对合规的正确认识以及对本项目工作开展的积极配合。

企业发布工作开展通知后，在一定范围甚至全员范围内开展合规启动培训，主要就企业合规、合规风险、合规管理的基本概念和重大意义等进行重点介绍，以提高企业员工对合规体系建设的必要性、重要性、现实紧迫性的认识，同时为后续工作的顺利开展打好坚实的基础。

同时，可以在项目启动会前一周的时间内，策划“合规主题宣传

周”或其他类似的合规宣传活动，为项目的启动及顺利开展创造良好的内部氛围，提升相关领导及业务部门对合规问题的注意力和敏感度，为合规体系建设及合规管理制度的推进创造良好条件。

阶段工作成果：《合规启动培训材料》《合规启动培训大纲》。

步骤三：分析梳理盘点企业合规管理现状，编制企业合规管理试点工作方案

主要工作内容：梳理盘点企业合规管理现状，编制企业合规管理试点工作方案。

常规实施方案：

对各部门负责的关键业务活动、外部相关方及其规则要求等合规义务进行梳理，开展业务访谈调研，评估合规风险，制定应对措施。

阶段工作成果：《企业合规管理试点工作方案》《合规管理三年工作规划》。

步骤四：梳理完善内部制度，夯实合规制度基础

主要工作内容：梳理内部规章制度并进行法律审查。

常规实施方案：

（1）梳理企业规章制度，查找制度缺陷和程序瑕疵。着重梳理外部有关合规要求是否转化为内部规章制度、内部规章制度的合法性审查、规章制度间重复交叉情况审查等，在企业整体层面制定合规管理相关制度。

（2）在完成企业规章制度梳理工作后，可选取部分重点领域，通过随机抽样检查，了解企业在相关领域规章制度的实际执行情况，识别制度执行中的薄弱环节。此后，进一步综合测试的情况，起草适用于企业的《关于规章制度的法律审查总体意见》，汇报本次制度梳理的工作方法及流程，总结企业当前规章制度层面的重大合规风险，并针对企业的

规章制度管理与执行现状提出框架性的改进建议。

阶段工作成果：《关于规章制度的法律审查总体意见》。

步骤五：开展合规调研，识别经营管理合规风险

主要工作内容：梳理企业负面信息，识别合规风险，并进行法律审查。

常规实施方案：

（1）通过公开渠道进行检索，全面梳理企业的行政处罚、涉诉信息、失信被执行人信息、经营异常信息、其他负面信息等风险事件，逐步识别企业经营管理活动中存在的合规风险等。通过对相关风险事件进行分析，可以明显看出企业风险事件频发主要集中的领域，对该领域、环节的风险事件进行成因分析，并有针对性地涉及风险应对措施，帮助企业有效防范重点领域的合规风险。

（2）风险案件梳理完成后，就相关负面信息法律风险进行法律审查分析，并根据我国现行法律法规及实践经验，形成书面版法律审查意见。

（3）结合制度审阅情况，对部门及人员进行有针对性的访谈，从而有效了解企业各部门及人员的管理职责、对合规管理的需求、关注重点、可能的挑战等，对标现行《合规管理体系 要求及使用指南》及《中央企业合规管理办法》等政策、法规、标准，帮助企业了解目前的合规管理水平，全面掌握企业的合规管理工作现状，发现与标准准则的差距，总结合规风险，拟定《企业合规风险诊断报告/审查意见》。

阶段工作成果：《企业合规风险清单/报告》《企业合规风险诊断报告/审查意见》。

步骤六：建立健全合规管理组织体系

主要工作内容：建立健全合规管理组织体系，负责合规管理决策和

日常工作。

常规实施方案：

咨询服务机构将综合考虑企业实际情况，协助企业建立健全系统合规管理组织体系，确保合规组织保障有力，为建设全员全链条合规管理体系建设奠定坚实的基础。

（1）协助企业组建合规人员专业队伍，包括企业配备专职合规管理人员，各职能部门明确兼职合规工作人员，成立“推进合规管理体系建设领导小组”，由咨询服务机构分管领导担任小组组长，小组成员为企业各部门工作负责人和企业分管领导，界定合规管理应覆盖的重点人员，明确合规管理组织机构职责。

（2）待合规管理制度制定后，协助企业正式成立合规委员会，承担合规管理的组织领导和统筹协调工作，定期召开会议，研究决定合规管理重大事项或提出意见建议，指导、监督和评价合规管理工作。

阶段工作成果：《企业合规管理组织体系建设方案》《合规管理权责清单》。

步骤七：编制合规行为准则

主要工作内容：聚焦企业主要潜在风险和核心合规要求，编制合规行为准则。

常规实施方案：

为进一步明确企业各部门、各员工的合规要求，有针对性地告知员工哪些行为可为，哪些行为不可为，须编制员工合规行为准则。在普通的员工行为手册或员工手册中，我们看到的是对员工的各种要求。员工合规行为准则或手册则更为精细。员工合规行为准则，在形式上可分为三个部分：一是用于对外宣传的整体行为准则，从企业角度，是一种全体员工的合规宣言。二是用于内部遵照执行的合规行为提示点，可用类似“合规卡片”的方式予以体现。三是员工为响应合规要求而作出的合规承诺条款。这些都是员工被动或主动提出的，针对其具体行为的合规要求。从某个角度来说，它们是合规义务与合规制度或指引结合的具体产物。

咨询服务机构将聚焦企业的主要潜在风险和核心合规要求，编制合规行为准则。主要包括下述两个方面。

（1）根据制度梳理结果，并结合风险事件的检索结果重点内容，进行合规风险评估，就存在的合规风险及潜在合规风险逐条列示，形成《企业合规风险清单》。

（2）梳理合规风险及潜在合规风险并形成合规风险清单后，编制《员工合规行为准则》。

阶段工作成果：《企业合规风险清单》《员工合规行为准则》。

步骤八：编制合规手册等成果文件

主要工作内容：对重点领域和其他需要重点关注的领域进行梳理，编制合规手册。

常规实施方案：

（1）对重点领域编制合规手册，企业合规管理的重点领域主要包括七个方面，即市场交易、安全环保、产品质量、劳动用工、财务税收、知识产权、商业伙伴。企业合规管理的重点环节主要包括三个方面，即制度制定环节、经营决策环节、生产运营环节。

（2）咨询服务机构除对以上合规重点领域和合规重点环节进行关注外，还应当结合企业业务特点与现有的风险管控模式，就其他需要重点关注的领域以及其他需要重点关注的环节进行梳理，并相应地编制合规手册。

（3）制定发布符合企业特点的合规管理制度和指引，明确合规管理流程及其实施主体、重点内容。

阶段工作成果：《企业合规手册》《合规管理办法》《业务合规管理规定》等。

步骤九：建立健全合规管理考核评价体系

主要工作内容：建立健全合规管理考核评价体系，将合规管理纳入年度考核体系。

常规实施方案：

建立健全合规管理考核评价体系，把合规经营管理情况纳入对企业各部门和企业负责人的年度综合考核。协助细化评价指标，将合规制度执行情况、合规管理配合情况、因合规制度执行不到位造成财产及声誉损失等其他负面情况纳入考核，对企业和员工合规职责履行情况进行评价，并将结果作为评价考核、干部任用、评先评优等工作的重要依据。

阶段工作成果：《企业合规管理考核评价制度》。

2. 确立《合规管理办法》及多个工作机制或指引

除上述核心“九个步骤”外，在合规管理体系建设的实践中，需要确立《合规管理办法》及可能涉及的多个机制，配合合规管理体系的落地，保障合规管理体系的实施，具体机制在企业开展合规管理体系建设时，是否要一并开展、什么时候开展、开展到什么程度，也需要结合企业自身的情况和发展阶段予以综合确定，本处仅对相关机制的主要内容进行部分提示、梳理，供企业参考。

《合规管理办法》一般应包括企业的合规管理组织架构、合规管理制度体系、合规管理工作流程、合规管理运行保障机制，以及合规培训机制等内容。

《合规管理办法》参考目录如表 3.4 所示。

表 3.4 《合规管理办法》参考目录

第一章：总则	举报与调查
第二章：合规管理组织体系	合规审计与持续改进
第三章：合规管理制度体系	第六章：合规管理保障机制
第四章：合规管理重点	合规考核
合规管理重点领域	合规文化与合规培训
合规管理重点环节	合规报告
第五章：合规管理运行机制	合规管理队伍建设及合规管理信息化
合规风险识别、评估与预警	第七章：附则

合规管理体系能否有效运行，直接影响合规管理的水平及效果，为了进一步完善企业合规管理工作机制，企业可起草《合规委员会议事规则》，规范合规管理委员会的组织机构、职责分工与议事程序，确保合规委员会能够充分发挥管理职能。一般而言，《合规委员会议事规则》应当包括总则、组织机构、职责与分工、会议的召开、会议的决策、会议的记录等内容。

为了使合规管理制度体系能有效落地，企业应细化与合规管理相关的各项配套细则，结合授权审批控制、财务及预算控制、绩效考评控制、不相容职责分离控制等各项内控措施的要求，把风险管控嵌入企业的业务流程，为企业管控各项风险点提供管理工具，确保合规制度的有效执行。

通过这一步骤，可输出合规管理办法及大概十个细则，合称“合规制度库”，下文以 A 集团建立的相关机制为例。

机制一：合规风险识别预警机制

A 集团和所属单位的业务主管部门应依据现有的全面风险识别、内控风险识别框架、制度、标准，全面系统梳理本业务领域中存在的合规风险，对风险发生的可能性、影响程度、潜在后果等进行系统分析，确定风险等级。对本业务领域内具有典型性、普遍性或可能产生较严重后果的风险应在一定范围内发布预警。

A 集团和所属单位的业务主管部门应当在已经建立合规重点领域、环节、岗位的合规依据清单、重点合规要求清单及合规负面清单的基础上，梳理形成合规风险库，并按年度进行更新和备案。

A 集团本部合规风险库的更新由各个业务主管部门负责，每年度 12 月 31 日前向 A 集团合规管理归口部门备案。各所属单位合规风险库的更新由相应业务主管部门负责，每年度 12 月 31 日前向本单位合规管理归口部门或负责部门汇总备案，并逐级向上级单位汇总备案，最终于当年度 12 月 31 日前在 A 集团合规管理归口部门完成年度更新备案工作。

A 集团和所属单位的业务主管部门对于业务领域内具有典型性、普遍性或重大合规风险事件的预警发布工作，应当按照如下流程。

①形成需发布预警事件的书面情况汇报，汇报文件中至少应当包括：预警事件的描述、影响程度、潜在后果，需要预警的原因和依据，建议发布预警的范围等；

②与合规管理归口部门会商确定预警发布的必要性、时效性以及范围；

③对于仅需要在本单位范围内发布的预警事件，经本单位合规管理决策机构、领导机构审议确定后，可在本单位范围内予以发布；

④对于预警事件的性质和特点，需要在较大范围内予以发布的，包括在 A 集团及各个所属单位之间、A 集团多个业务条线之间、多个所属单位之间发布的，应当在征求本单位合规管理决策机构、领导机构的意见后，一并征求 A 集团（本部）合规管理决策机构、领导机构的意见，最终确定预警发布的范围。

预警发布后，如果预警发布所依据原因或者事件出现变化或者已经消失，应当相应启动预警解除程序，预警解除的确定部门及流程参照预警发布的流程处理。

机制二：合规风险应对机制

对于发现的日常风险隐患，A 集团和所属单位相关业务主管部门应及时制订防控预案，对梳理出的法律风险、内部控制缺陷，从合规角度进行审查，查找相关制度的设计、执行缺陷，分析、评判法律后果，对各项制度、流程、业务指引等进行修订完善，将外部强制监管、A 集团内部管理要求嵌入企业的日常经营管理活动中。

对于可能引发重大违规事件的风险隐患，由合规管理决策机构、合规管理领导机构统筹领导，合规管理负责人牵头，相关部门协同配合，最大限度地化解风险、降低损失。除此之外，也存在“业务负责、合规配合”的情形，由业务部门承担主体责任，不由合规部门统筹。

对于外部主体发起的合规调查事项，由各级合规管理归口部门协调同级业务部门做好应对；合规调查事项涉及全系统、A 集团（本部）层面的，由 A 集团合规管理归口部门统筹负责。

对于合规风险属于突发事件，需要进行应急管理和突发事件应对的，A 集团和所属单位应当参照相应的突发事件应急预案管理制度、办法、指引予以处理。

机制三：合规审查机制

A 集团和所属单位的合规审查应当作为重大事项决策、经济合同签订、重大项目运营、规章制度制定等经营管理活动的必经程序，嵌入有关工作流程，未经合法合规性审查或审查未通过的不提交决策和实施。

A 集团和所属单位的责任部门（业务主管部门）按部门职责分工发起合规审查，应当形成明确的流程。

关于合规审查机制，企业应围绕合规审查工作的基本要求和主要方法起草具有实操性的工作指引，明确合规审查工作中各部门的职责划分、合规审查事项、审查要点及审查标准，同时结合企业实际情况，梳理适用于企业的合规审查工作流程，帮助企业在后续的合规工作中切实将合规审查融入运营管理的业务流程，发挥风险防范的作用。

机制四：合规管理检查机制

A 集团和所属单位应当形成定期合规检查制度，结合审计、监督检查发现的违规问题，每年度应开展业务合规自查，检查制度执行情况，并向分管业务领导报告，同时抄报合规管理归口部门。

定期合规检查应当按照如下流程。

①A 集团和所属单位开展定期合规检查之前，应当事先编制定期合规检查工作方案，方案应当至少包括组织领导部门、合规检查计划、合规检查重点领域及业务；

②开展合规检查的组织领导部门应当有效统筹、结合各个业务部门，开展合规自查工作，检查制度执行情况，形成合规检查报告；

③合规检查报告完成后，应当逐级报送各单位的相应合规管理归口部门，最终由 A 集团合规管理归口部门汇总和审查。

合规管理归口部门建立合规专项检查制度，合规专项检查可以单独实施，也可与业务检查、内部审计、内控评价、专项监督检查等其他监督检查工作一并实施。

对于各类检查发现的违规问题，应建立合规问题清单，负有合规责任的部门应当负责组织整改。对整改不力的单位或部门，合规管理归口部门可以采取风险提示、情况通报等方式予以督导，形成检查、改进、监督的闭环管理。

机制五：合规工作报告机制

A 集团和所属单位应当形成合规工作报告机制，合规工作报告分为临时报告和年度报告，其中临时报告包括一般违规问题报告和重大合规风险报告。

对于临时报告，各单位因一般违规问题导致发生违规事件的，业务主管部门应及时向本单位合规管理归口部门通报。各单位发生重大合规风险事件的，应于事件发生当日向A集团业务主管部门和A集团合规管理归口部门同时报告。

对于年度报告，合规管理归口部门每年年底组织全面总结合规管理工作情况。各级单位每年度结束后一个月内向A集团报送年度报告，A集团合规管理归口部门汇总分析所属单位的合规报告，形成年度合规报告，呈报集团公司。

机制六：合规咨询及举报机制

A集团和所属单位通过设立电子信箱、举报电话、信箱等方式，建立公开的咨询、举报平台接受企业内外部的合规问题咨询及对企业、员工违规问题线索的举报。

A集团和所属单位应针对高合规风险领域规定强制合规咨询范围。在涉及重点领域或重要业务环节时，业务主管部门应主动咨询合规管理归口部门意见。合规管理归口部门应在合理时间内答复或启动合规审核流程。

各单位、各业务主管部门和员工在经营活动及履职过程中遇到难以判断的合规风险事项时，应及时主动地向本单位的合规管理归口部门咨询和沟通。合规管理归口部门应建立合规咨询记录，对属于受理范围的，在组织相关部门做好研究分析的基础上，按照统一口径回复；对不属于受理范围的，应告知咨询人。

任何员工发现违规线索均有权进行举报，企业保护举报人的合法权益，决不姑息打击报复行为，任何人对举报疑似违法违规行为或举报对企业的业务造成其他风险的个人进行报复的都将受到严厉处罚。纪检监察（监督）部门、合规管理归口部门按照权责划分及 A 集团有关制度规定负责举报的登记和受理。

接受举报和进行调查的相关人员，应对举报人的身份和举报事项严格保密，不得擅自对外泄露。任何单位和个人不得采取任何形式对举报人进行打击报复。对举报事项经查证属实，为 A 集团及所属单位挽回或减少损失的，对举报人应当给予奖励。

机制七：违规问题整改机制

法律法规、监管规定和 A 集团现有规章制度对重大违规事件调查、处理和整改有规定的，按照其规定的职责和程序调查整改。

在 A 集团现有规章制度没有明确规定的情况下，针对国家安全与保密管理、质量管理、反商业贿赂与反腐败、反不正当竞争、出口管制等领域的重大违规事件，由各级合规管理归口部门按权责划分，采取督办、联合调查、专项调查等方式，组织开展违规调查，有关部门应当配合开展工作。调查结束后，合规管理归口部门应当出具书面调查报告，提出处理建议和整改要求，经本单位合规管理决策机构、领导机构审议后，提交各单位相应负责机构作出决定，交由相关管理部门执行，并通知有关单位、部门和被处理人。

机制八：违规行为追责问责机制

A 集团和所属单位应当始终坚持合规要求高于经济利益原则，明晰合规责任范围，细化违规惩处标准，严格追责问责。任何人存在违法违规行为，将依据 A 集团及其他有关制度规定，视情形给予相应处罚；涉嫌犯罪的，将被依法移送司法机关追究法律责任。

在从严追究违规行为人直接责任的同时，对下属员工违规的，视情况追究其上级管理人员失职责任；对业务管辖范围内发生重大违规行为的，追究上级业务主管部门监管责任，保障各层级各部门合规管理责任严格落实。

机制九：合规管理协同运作机制

企业应当结合实际建立健全合规管理与法务管理、内部控制、风险管理等协同运作机制，加强统筹协调，避免交叉重复，提高管理效能。

合规管理归口部门推动建立健全信息通报机制，为其他部门提供合规管理专业支撑，了解掌握单位重点业务、重大项目情况，主动梳理盘点、提示合规风险。其他部门应在重点业务、重大项目策划、实施过程中通过会议、书面方式主动、及时听取合规管理归口部门的意见。

合规管理归口部门与审计、保障监督、违规追责等部门相互通报信息、提供履职过程中掌握的违规问题线索和证据资料，共享检查监督成果。对内部监督发现的问题，可以在一定范围内实施联合通报。

A集团和所属单位每年至少应组织召开一次合规管理联席会议，统筹协调和深入推动合规管理工作开展。根据议题内容确定参加部门，参加人员为相关业务主管部门和全部或部分其他成员部门。

各级合规管理归口部门可根据工作需要不定期组织召开合规管理联络员会议。合规管理联络员会议由全体或者部分联络员参加，主要商议沟通协调、信息共享等非决策性事项。

机制十：合规文化建设机制

A集团和所属单位应将依法合规、诚信经营作为企业文化的重要内涵，通过制定发布合规管理手册、系列合规管理指南、签订合规承诺书等方式，强化全员合规意识，筑牢合规经营的思想基础；通过媒介宣传平台、社会责任报告、对外签署协议等载体，宣传和体现本单位的合规文化、合规理念。

A集团和所属单位应结合法治宣传教育，建立完善制度化、常态化的合规培训机制。新员工入职必须接受合规培训和测试。所有员工均应掌握与岗位相适应的合规知识、外部合规要求、内部规章制度以及风险防控要求。

各级业务主管部门应根据业务领域合规风险状况和管理要求，组织开展专业合规培训。各级合规管理归口部门应对全体员工开展合规基础知识、基本要求和基本行为规范的培训，对合规管理人员开展合规管理业务培训。合规培训应留存培训记录，计入个人合规记录。

机制十一：合规体系有效性评价评估机制

各单位合规管理归口部门应定期牵头组建由合规管理归口部门、相关职能部门（如内控、审计、财务）以及外聘的专业中介机构（如外部律师事务所）等委派人员组成合规管理评估小组，对合规管理体系的适用性、充分性和有效性进行评估。

合规管理评估小组对合规管理体系的适用性评估可以包括合规规范的适用性、合规管理制度的可操作性、合规管理制度的可持续适用性、合规管理的成本与效率。

（三）对合规管理体系建设时间流程的一般把控

表 3.5　合规管理体系建设时间控制表

序号	工作内容	关键事项	提供服务方	其他参与方
第一阶段　前期工作内容划定及通知下达阶段（参考时间：三周至四周）				
1	发送正式通知及自查清单	企业形成正式通知，咨询服务机构在检索各个下属企业特定的情况下，形成自查清单	企业、咨询服务机构、各下属企业	/
2	自查材料的准备及《自查报告》的出具	企业、各下属企业形成《自查报告》	企业、咨询服务机构、各下属企业	/

续表

序号	工作内容	关键事项	提供服务方	其他参与方
3	《自查报告》的审阅	针对《自查报告》及附件涉及的相关材料，梳理其所涉及的相关问题	咨询服务机构	企业、各下属企业
4	形成现场调研和书面调研清单	基于《自查报告》审阅发现的问题，形成调研清单	咨询服务机构	企业、各下属企业
第二阶段　现场及书面排查（调研）阶段（参考时间：四周至八周）				
5	现场及书面调查	具体展开调查，采用包括但不限于走访项目、人员访谈等方式进行（形成访谈记录、调查记录等）	咨询服务机构	企业、各下属企业
6	形成书面调研报告	完成报告撰写工作，并与公司沟通意见	企业、咨询服务机构	各下属企业
第三阶段　风险评估阶段（参考时间：四周至八周）				
7	针对内部控制相关问题，提出风险评估意见	形成内控评估意见	咨询服务机构	/
8	针对合规风险问题，形成合规风险清单	形成合规风险清单	咨询服务机构	/
9	就相关意见和清单与企业意见	初步文件的意见交换与二次完善	企业、咨询服务机构	/
第四阶段　方案设计及文件起草阶段（参考时间：四周至八周）				
10	企业及下属企业合规内控体系建设方案制订	形成《合规管理体系建设方案》	咨询服务机构	企业、各下属企业
11	合规管理制度、流程、指引等文件起草	形成合规管理体系项下一系列相关制度	咨询服务机构	企业、各下属企业

续表

序号	工作内容	关键事项	提供服务方	其他参与方
12	合规管理制度、流程、指引等文件起草	修订内部审批管理手册，并形成企业相关指引文件	咨询服务机构	企业、各下属企业
13	二次沟通和反馈修订	根据初步的相关文件、指引，与企业、各下属企业交流意见，并予以完善	咨询服务机构、企业、各下属企业	/
第五阶段　合规培训及合规宣贯（参考时间：建议在相关文件发布后进行第一次培训，作为相关制度体系的介绍和宣贯，在相关制度体系落地一段时间后提供第二次培训作为加强和巩固）				
14	合规培训及合规宣贯	结合企业的要求和主题，提供专门的培训及宣贯	企业、咨询服务机构、各下属企业	/
第六阶段　合规管理体系试运行及测评（参考时间：八周至十六周）				
15	合规管理体系试运行及测评	针对合规管理体系试运行进行跟进，并对试运行过程中出现的问题进行评估分析提出改进和完善意见	企业、咨询服务机构、各下属企业	/
注：上述工作时间，是谨慎预估的工作时间，具体项目开展和完成时间可能短于/长于预估工作时间。				

三、企业合规管理体系建设的事后总结

（一）合规管理体系建设的经验之谈

开展合规管理体系建设，总结来说，可以归纳为如下几点：

一是抓组织、抓框架，这是合规管理体系的骨；

二是抓部门、抓岗位，这是合规管理体系的肉；

三是抓制度、抓清单，这是合规管理体系的静脉；

四是抓机制、抓考核，这是合规管理体系的动脉。

咨询服务机构应从众多项目实践中总结、概括、抽象部分要点，尝试给拟开展合规管理工作的各类企业提供一定的借鉴和参考，以避免在具体开展合规管理体系建设时“绕圈子、走弯路”，增加不必要的成本。

1. 合规管理无穷尽，低成本、高效率的合规才是企业需要的合规

合规管理涉及的事项多、方面广、层次深，想要把合规管理做到完美或极致，几乎是一件不可能的工作，这里面既有合规管理本身特性的原因，也有受限于合规成本的原因。系统性开展合规管理工作之前，应先进行一个相对全面的评估调研，通过评估调研环节，一方面可以整体了解、摸清企业目前日常管理的手段措施以及主要的合规问题、合规风险；另一方面可以汇总企业各部门层面、企业各所属企业层面对于合规管理体系建设工作的意愿和态度，毕竟合规管理体系落地实施时，有赖于企业各个部门、各所属企业的配合。同时，企业可以根据调研的具体情况，对本次合规管理建设的广度与深度进行二次剖析，明确重点领域、关注领域、提示领域，结合企业的实际情况，有深有浅，有选择有目的地开展后续的相关工作，避免每个领域都涉及，但每个领域都不细的问题，避免合规管理变得抽象而空洞。

2. 合规管理不是“一家”的事，而是“大家”的事

很多企业在开展合规管理体系建设时，往往会碰到这样的问题，业务部门认为合规管理是合规部门的工作，审计、纪检部门也认为通过合规管理体系建设，合规部门具有了一定合规检查、合规评估甚至提出违规处置意见的职能，也会分担部分原属于审计、纪检的工作，最终出现合规部门“自己搭台，自己唱戏”的局面，而这样的“独角戏”往往是合规管理体系建设的大忌。

虽然在银行业、证券业已经普遍形成了“三道防线”的概念，在开展合规管理工作中，也基本形成了合规管理的合力，但是对于刚刚开展

合规管理工作的大多数国有企业、民营企业来说，合规管理是“大家的事”这一理念，还是需要不断地普及，合规管理离不开业务部门、审计纪检部门的配合。业务部门可能是最先、最早、最多涉及合规风险的部门，也是对企业业务、行业最为熟悉的部门，在对合规管理工作具体分工时，一般被认定为主责部门。审计、纪检监察部门，是合规管理工作的保障部门、合规风险的处置、合规责任的认定、责任人的追责，往往都需要审计、纪检监察的介入，否则合规管理体系最终就会成为“无牙的老虎”，无法真正起到作用。

表 3.6 合规管理体系建设的“三道防线”

	第一道防线	第二道防线	第三道防线
构成	业务部门	法律、合规管理部门	审计、纪检监察等部门
权责定位	主责	支持	监督
基本职责	对辖内合规管理负直接责任和第一责任	提供合规支持，为合规管理统筹组织、协调规划	对企业合规管理负稽核、监督责任，提出整改意见
措施	合规开展业务，定期对合规风险自我评估、自我检查和自我改进	完善制度、流程、管理工具，识别评估合规风险，监控预警分析，组织业务检查和履职监督	监测合规风险数据，提供管理工具、方法、流程，组织审计监督，推行集中问责
整改	针对违规问题进行整改，提升制度执行力	推动职能领域重大合规风险系统性整改和合规管理的顶层设计	推动并监督第一、二道防线的检查和整改，形成闭环运作机制

3. 集团企业合规内控体系和下属企业合规内控体系的兼容性

在中央企业、大型国有企业实际开展合规管理、内控管理体系建设时，一般由集团企业综合整个集团及各所属企业普遍涉及的共性问题，提出普遍适用的、共同的纲领性文件，集团统筹开展相关体系建设工作，各分/子公司、所属企业应当参照集团的相关文件，结合自身的实际情况，建设自己的合规、内控体系。

在企业具体开展合规内控体系建设时，首先应确保和集团规划、方案、路径的一致性，在此基础之上，再充分结合自身行业特点、业务特点、人员特点等问题，落实相关文件，实现集团层面与子企业层面的统一，共性与个性的统一。否则可能出现过度关注自身个性问题，而未能充分响应集团具体要求，进而在集团开展具体合规管理工作或行动时，导致自己无法有效承接。

4. 如何选定合规管理体系建设路径

建议考虑“后建让先建”原则，最大限度利用在先制度、体系，最大限度降低合规成本。合规管理体系与现有管理体系应本着后建让先建、相互融合的做法去实现。具体来讲，有两种路径。

路径一：对一个新建企业或者管理体系尚不健全的企业来说，可以把合规管理体系作为基础性、平台型体系来建设，后建的其他管理体系配合、融合到合规体系中去。

路径二：对成熟的企业或者已有风险控制、内部控制体系的企业来说，合规管理体系是新体系，最合适的办法是依托既有管理体系，尽量不推倒重建、架床叠屋、另起炉灶。

5. 如何选定试点行业及试点企业

试点行业需与企业主营业务密切相关，不建议挑选企业兼营业务或其他副业、多元化子公司、持股控股平台公司等。试点企业需是企业的重点下属企业，企业可以实际控制该下属企业，且该下属企业与企业所属其他下属企业具有业务、管理、制度上的相似性，避免挑选和企业（集团）关系不密切的、不具有可复制性和推广价值的孤例。

6. 如何将上级企业（集团公司）的制度应用于下级企业（分/子公司、所属企业）

上级企业（集团公司）的制度应用于下级企业（分/子公司、所属企业）本质上是合规管理的“外规内化”问题。“外规内化”的第一层含义，是将外部法律、法规、行政规范性文件、监管准则等，通过履行企业内部规章制度制定的程序，内化为企业的内部制度，且可以予以适用和实施。“外规内化”的第二层含义，是将集团企业、上级企业制定的制度通过类似的方式（制定适用于自身的制度），内化为下级企业的制度，且可以予以适用和实施。

在具体落实“外规内化”时，最简单或最直接的方法可能是将集团、上级企业制定的制度“抄”一遍，并发布自己的制度，这样往往不能充分体现自身的实际情况，如集团企业在制度中涉及“职责分工”章节，其中法律合规部门承担一部分职能、风险内控部门承担一部分职能、审计稽核部门又承担一部分职能，但是对下级企业而言，由于企业规模、定岗定员定编的限制，可能存在与集团企业部门设置的错位，可能没有专门的风险内控部门，直接“照抄”集团企业制度，这就可能会产生问题。所以，在开展“外规内化”时，也要充分考虑企业自身的特点，结合集团企业的制度框架精神、管控深度和手段措施，制定符合自身需求，并可以有效落地应用的制度。如此，则既符合企业治理的一般要求，也不与目前对国有资产监管的“放管服”要求发生明显冲突。

（二）授权体系对合规体系的促进与帮助

授权管理体系，本质上是企业作为独立法人与集团企业中多个法人实体之间的权责关系、配合关系和汇报关系的具体化、流程化。

现代企业治理的一个基本思路为企业所有权与经营管理权的分离。企业股东依法享有资产收益、参与重大决策和选择管理者等权利，但对于企业的日常经营管理，则大多是通过股东会—董事会—经理层的治理结构层层授权进行管理，企业股东通过其表决权实现对企业的最终控制。

同样地，对于股权结构复杂、管理层级较多的企业来说，一个基本的管理思路是上级企业通过行使股东表决权、制定下级企业管理制度、内部发文等方式，授权下级企业在业务、资金、人事等不同条线的决策范围，避免上级企业管控事项过多，但迫于工作强度“瘦身难”，而下级企业凡事都要请示汇报，权责受限“决策难”的问题。授权管理体系的搭建至少包括两个层面：其一，企业总部的内部授权管理体系建设，明确股东会、董事会、董事长、经理层（含总经理)、各部门负责人等在不同授权模块下，包括但不限于企业治理、日常管理、资金运用等模块的授权范围，避免权责不一致、权力边界不清晰，决策路径不明确等问题。其二，作为总部对下级企业的管理框架搭建，根据对下级企业的持股比例、产业类型分析、发展阶段等分类，明确不同的管理模式，并通过集团内制度明确业务决策、资金使用、风险管理等不同模块的授权范围和汇报路径，避免战略目标不同、职能分散、机构重叠等系列问题。

1. 授权管理体系作为先行试点的优势

建议将授权管理体系的搭建作为企业合规管理体系框架搭建的第一步或者先行试点，原因如下。

第一，授权管理体系搭建已有基础，便于推进。

企业现有制度已有较好授权管理体系的基础，包括章程、股东会、董事会议事规则、子公司管理制度等，企业已有的制度或文件可能或多或少涉及授权管理，只需要完善整体授权规则的确定，制度与制度之间的衔接即可。

第二，建设授权管理体系可以明确企业管理中的不同岗位的权力边界，便于后续其他制度和机制的制定、推广、落实。

如果企业内部各岗位的权力边界不清晰、权责不一致、审批流程混乱，后续合规管理体系就只能停留在制度层面，很难在日常经营层面执行。授权体系的建设，需要结合企业治理结构的职责和重大事项的决策程序，并涉及调整决策流程是否满足内部控制和合规管理的要求。通过建设授权管理体系，可以调整不合理的权力边界，打通现有存在的不流畅的审批流程，以便于后续其他制度、机制可以在企业层面成功执行。

第三，完善授权管理体系搭建有助于后续协同推进建设合规管理体系。

通过建设授权管理体系，可以明确对下级企业的管理方式，区分持股比例、管理重点、业务性质、企业规模不同确定不同的授权层级与范围。在后续继续推进合规体系建设时，可以综合下级企业的实际情况设计效率与效果平衡的合规体系，并根据不同的授权层级，总部与下级企业协同推进，避免在合规建设中出现上下级之间管理脱钩、制度冲突等问题。

2. 授权管理体系建设框架

第一，企业总部层面的授权管理框架建设，明确管理范围及方式。

企业总部对下级企业的管理，一般分为战略型、财务型和运营型三种不同的管理模式。总部要通过控制程度、战略目标和企业情况等层面综合分析，以确定对特定下级企业的管理属于哪种模式，并因此制定不同的授权范围与管理方式。企业首先要梳理涉及管理企业的控制程度，并根据下属企业的不同类型，结合战略目标和企业情况予以确定，举例如下：

表 3.7 企业总部层面的授权管理框架建设

企业特点控制程度	业务关联	财务绩效实现	高风险
全资/控股	运营管理	财务管理	运营管理
参股（需根据是否可以实际控制确定）	运营/战略管理	财务管理	战略管理
二级以下	运营管理	财务管理	运营管理
无股权控制关系（需根据实际控制程度决定）	运营/战略管理	财务管理	业务/战略管理

对于运营管理型企业，总部对企业的控制程度最高，可以通过章程、控制股东会及董事会以及其对经营管理层的授权对下属企业进行管理。例如，下属企业大额资金超过一定额度，超出一定范围的对外投资、重要人事任命均通过总部进行决策，并对运营管理的下属企业进行业绩考核。

对于战略管理型企业，总部一般无法绝对控制，只能通过委派的董事会或管理层成员进行管理。通过在股东会层面、董事会层面行使表决权以及对重要岗位的人员控制进行管理，以达到总部的战略发展目标。

对于财务管理型企业，特别是长投企业，总部一般不介入下属企业业务发展，只强调财务绩效的实现。通过在股东会层面、董事会层面对重大事项、利润分派等事项的表决进行管理，并监控下属企业财务指标。

因此，企业总部层面在梳理需管理的企业类型后，根据上表完善总部对下级公司的管理架构，确定对不同下级企业的管理模式与授权范围。

第二，企业总部层面的授权管理制度建设。

内部授权管理基本制度的内容应至少包括：各部门在内部授权管理体系建立、更新与执行过程中的职责权限；一般授权与特别授权的基本流程与执行要求；授权的管理与监督。一般授权通过管理手册或业务制度确定企业各个层级在经营管理中的授权，特殊授权是通过授权委托书的形式对超出基本授权范围的某一特定事项或特殊业务进行授权。

编制内部授权手册。手册纵向包括企业各个管理层级的裁决权、建议权的事项范围，并整理各个管理层级的权力清单；横向列清各个业务条线审批全流程。对于管理者，手册是行政决策权的依据，对于业务人员，手册是履行审批流程的参照。

第三，针对下属企业的专门授权管理制度。

首先，通过制度固化对下属企业的授权管理范围。总部层面，应至少制定有关下属企业的决策管理制度、财务管理制度、业务管理制度、风险管理制度、绩效考核标准等管理制度，通过制度确定下属企业的决策范围，哪些事项须由总部决策。此外，还需明确上述制度的适用范围、适用标准，如绩效考核标准可以不适用于战略和财务管理型下属企业。

其次，在制度中明确下属企业对总部制度的“外规内化”的方式与“报批报备”的事项。未来在合规管理的建设推进中，总部层面制定的具体管理制度中，既要考虑与上级企业（集团企业）制定的相关制度的一致性，又要考虑下属企业对总部制度进行“外规内化”以达到整体协同的目的性。因此，在授权管理体系建设时，应明确不同类型下属企业进行“外规内化”的方式。此外，对于具体决策事项，总部可通过制度明确下属企业是进行事前报批，由总部进行决策，还是事后报备，授权下属企业自主决策。

第四章

企业合规责任体系建设

企业的合规经营是企业健康发展、长期发展的灵魂与核心，企业坚持合规经营能获得社会认可，这是新时代赋予中国企业的历史重任，也是企业社会责任的核心内涵。

企业开展合规管理既有“愿力”，又有“压力”。“愿力”更多来自合规管理为企业创造的正向价值，如企业合规能够满足内部发展的需求，提升合规管理水平、控制企业合规风险、完善合规管理体系、加强员工合规意识、培育企业合规文化、增强国际化竞争力；企业开展合规管理的“压力”，则是来自企业合规管理失控带来的负面影响，如外部执法环境日趋严格及社会信用体系的建立和完善，合规失控的企业可能面临被联合惩戒，同时不合规事件的发酵及连锁反应会导致企业社会信誉受损，造成无法弥补和控制的后果。

因此，本章内容重点梳理企业合规责任体系及责任承担的问题。

本章第一节，介绍新时代背景下，企业社会责任的内涵及企业合规管理内容与社会责任内涵的契合程度，我们可以判断企业履行合规管理义务与企业有效承担社会责任之间存在很高的契合度，企业围绕业务主线、循序渐进做好合规管理就是积极履行社会责任的一部分。本章第二节，介绍企业合规管理面临的行政责任，通过法规梳理及典型案例展示的方式，介绍了新型行政监管模式下的企业合规与监管激励机制，并就企业行政监管视角下合规实施路径进行了梳理。本章第三节，介绍企业合规与刑事责任，最高人民检察院在全国范围内进行刑事合规的试点以来，企业刑事合规不但有望成为我国刑事激励政策适用的有力工具，也代表了企业合规领域未来发展的必然趋势，本部分针对该趋势进行了剖析与解读，并对企业刑事合规管理的路径进行了研讨。

第一节　企业合规与社会责任

一、新时代背景下企业的社会责任

随着我国经济社会不断发展，国家开始强调科学发展观，倡导绿色发展，并以构建社会主义和谐社会为发展要求。因此，关于企业社会责任的说法开始逐渐受到社会的普遍关注。

2005 年修订的《公司法》第 5 条第 1 款首次明确规定：“公司从事经营活动，必须遵守法律、行政法规，遵守社会公德、商业道德，诚实守信，接受政府和社会公众的监督，承担社会责任。”企业社会责任第一次写入我国法律。2006 年，深圳证券交易所发布的《上市公司社会责任指引》，鼓励上市公司建立相应的社会责任制度，披露社会责任信息。各类企业发布的社会责任报告得到量的积累与爆发，该年被称为“中国企业社会责任报告元年”。

2007 年 12 月，国务院国有资产监督管理委员会发布《关于中央企业履行社会责任的指导意见》，鼓励有条件的中央企业公开发布企业社会责任报告。

2015 年，原国家质量监督检验检疫总局和国家标准化管理委员会联合发布了社会责任系列国家标准，包括《社会责任指南》《社会责任报告编写指南》《社会责任绩效分类指引》。这是我国社会责任领域第一份国家层面的标准性文件，其发布具有重大意义，将统一各类组织对社会责任的认识和理解，改变依据不同标准履行社会责任的无标准局面，给组织履行社会责任提供系统、全面的指导，对提升国内社会责任水平起到了重要作用。

“十三五”期间，中国企业社会责任报告数量与质量均处于稳步发展状态。

2021 年，作为“十四五”开局之年，国家市场监督管理总局和国家标准化管理委员会发布《社会责任管理体系 要求及使用指南》，与其他基础通用标准一起共同构成我国完善的社会责任国家标准体系。

二、企业社会责任与合规管理

企业社会责任反映的是特定时期的社会期望。随着社会的发展和关注的变化，企业社会责任的内涵也不断发展并丰富。通过分解《社会责任管理体系 要求及使用指南》的相关内容，企业应当予以重点处理的核心主题主要包含组织治理、公民权利、劳工实践、环境、公平运行实践、消费者问题、社区参与和发展七项。每个核心主题项下亦包含若干特定议题，这些议题均与企业合规的内涵相互对应。

相关核心主题及议题列举如表 4. 1 所示。

表 4. 1　相关核心主题和对应议题

核心主题	对应议题
组织治理	议题：决策程序和结构
公民权利	议题 1：公民的政治权利 议题 2：经济、社会和文化权利 议题 3：工作中的基本原则和权利

续表

核心主题	对应议题
劳工实践	议题 1：就业和劳动关系 议题 2：工作条件和社会保护 议题 3：民主管理和集体协商 议题 4：职业健康安全与培训 议题 5：工作场所中人的发展
环境	议题 1：污染预防 议题 2：资源可持续利用 议题 3：减缓并适应气候变化 议题 4：环境保护、生物多样性和自然栖息地恢复
公平运行实践	议题 1：反腐败 议题 2：公平竞争 议题 3：在价值链中促进社会责任 议题 4：尊重产权
消费者问题	议题 1：公平营销、真实公正的信息和公平的合同实践 议题 2：保护消费者健康安全 议题 3：可持续消费 议题 4：消费者服务、支持及投诉和争议处理 议题 5：消费者信息保护与隐私 议题 6：基本服务获取 议题 7：教育和意识
社区参与和发展	议题 1：社区参与 议题 2：教育和文化 议题 3：就业创造和技能开发 议题 4：技术开发和获取 议题 5：财富和收入创造 议题 6：健康 议题 7：社会投资

1. 组织治理

组织治理是指组织为实现其目标而制定和实施决策的系统。为了能使组织为其决策和活动的影响承担责任，并将社会责任融入整个组织及其各种组织关系中，组织治理是最为关键的因素。

组织治理主题下主要涉及决策程序和结构，为推进企业社会责任的承担，企业不仅需严格遵循《公司法》等相关法律法规的要求，建立规范的现代化公司治理结构为企业的社会责任程序提供支持，还需结合企业的经营理念完善企业社会责任管理体系和制度。例如，在《中央企业社会责任蓝皮书（2021）》中收录，在科技创新领域履职优秀的中国能源建设股份有限公司，即专门建立以董事长为主任、其他领导和高管为副主任、各部门主要负责人为成员的社会责任工作委员会，负责推进社会责任工作，并设立社会责任归口管理部门，负责协商社会责任相关工作，并在所属企业中明确社会责任领导机构，细化社会责任工作职责，明确归口管理部门并配备社会责任管理人员。①

2. 公民权利

虽然保护公民合法权益是国家的责任，但由于企业也能影响公民合法权益，因此企业应当在其影响范围内尊重公民合法权益。公民合法权益主题对应公民的政治权利，经济、社会和文化权利，工作中的基本原则和权利对应三个议题。

第一，公民的政治权利主要包括（但不限于）人身自由与安全权；剥夺自由时的人道待遇权；公正审判权；言论、出版、集会、结社、选举和被选举权；在法律面前平等并受法律平等保护权等。

第二，经济、社会和文化权利主要包括（但不限于）工作、基本生活水准、社会保障、健康、受教育、文化、环境等权利。

第三，工作中的基本原则和权利，主要包括依法参加和组织工会的自由和集体协商的自由；消除一切形式的强迫或强制劳动；有效废除童工劳动；消除就业和职业歧视等权利内容。

---

① 中国能源建设股份有限公司：《2020 社会责任报告》，载中国能源建设股份有限公司网站，http：//www.ceec.net.cn/col/col43953/index.html，2022 年 8 月 8 日访问。

3. 劳工实践

组织的劳工实践包括与组织自身、受托或其代表所开展工作（含分包工作）有关的所有政策和做法，如员工的招聘和晋升；纪律和投诉程序；员工的调岗和重新安置；劳动关系的终止；培训和技能开发；职业健康安全；影响工作条件的任何政策和做法，尤其是劳动时间和报酬。劳工实践还包括尊重员工依法参加和组织工会，支持工会组织的建立、组织员工依法开展民主管理及其他正常活动等。

本主题项下主要包含就业和劳动关系、工作条件和社会保护、民主管理和集体协商、职业健康安全与培训、工作场所中人的发展五个实践议题。结合几个主要的实践议题，企业应当从保障员工权益、促进员工发展、人才管理、落实安全生产、职工职业健康、关注员工生活等多个层面履行社会责任。

4. 环境

企业的生产经营活动必然会对环境造成影响，这些影响可能涉及企业对资源的使用、企业活动场所、污染物和废弃物的产生，以及企业活动对自然栖息地的影响等。为了减少对环境的影响，企业宜采取综合性的、系统的和整体的办法处理问题。

在本议题项下主要包含污染预防，资源可持续利用，减缓并适应气候变化，环境保护、生物多样性和自然栖息地恢复。生态文明建设是关系中华民族永续发展的根本大计。近年来，在世界范围内，环境保护指标均作为对企业社会责任评价的一项重要指标。企业应通过建立健全社会组织体系、完善管理制度、加强内部监管、打造绿色产业链等层面的制度，将优化资源利用、保护生态环境内化于企业发展战略规划当中。

5. 公平运行实践

公平运行实践涉及企业与其他组织交往过程中的行为道德。这些交往过程包括组织同政府机构之间的关系，也包括组织与合作伙伴、供应商、承包商、顾客、竞争者及组织加入的协会之间的关系。在社会责任领域，公平运行实践涉及组织如何利用自身与其他组织的关系来推动积极结果。组织可通过在整个影响范围内发挥领导力并推动更广泛地接受社会责任来实现积极结果。

公平运行实践包含反腐败、公平竞争、在价值链中促进社会责任、尊重产权四个议题。企业应在企业管理制度中落实反腐败制度和举报机制，通过企业采购政策在整个价值链中公平且可行地推动实施社会责任的成本和收益。

针对大型企业而言，能够通过采购和购买决策影响其他组织，推动价值链成员接受和支持社会责任原则和实践。例如，某公司不断加强采购管理，制定《采购管理办法》五项制度，筹备建立集团供应商库，做好集团采购管理对标评估工作，并带动下属企业积极完善供应商管理，规范采购准入机制，落实采购平台建设，带动供应商履责能力与水平提升。例如，其下属企业发布《某公司主营业务供应商管理办法（试行）》，完善管理内容，简化业务操作；协助下属企业建立完善供应商管理制度，自上而下规范行为；积极推进文明旅游制度建设，在供应商协议中加入“禁止提供‘零负团费’及‘不合理低价游’产品”。

6. 消费者问题

企业向消费者及其他顾客提供产品和服务，企业应对他们负有责任。对消费者的责任包括进行消费者教育和提供准确信息，采用公平、透明和有益的市场信息和合同程序，推动可持续消费，产品和服务的设计要考虑易用性，在适当情况下兼顾弱势群体和不利群体的需要。对消费者的责任还包括通过设计、制造、分销、信息提供、服务支持和撤回与召回等程序，最大限度地降低产品和服务的使用风险，并同时保护个人信息安全和消费者隐私的责任。

消费者问题在实践中主要涉及七个议题：(1) 公平营销、真实公正的信息和公平的合同实践，这要求企业在宣传过程中不得采用任何欺骗、误导、虚假或不清晰的表述，公开披露价格，在与消费者签订的合同中不得包含不公平的合同条款。(2) 保护消费者健康安全，要求企业在产品研发过程中避免使用有害物质；产品上市后出现问题或严重缺陷应予以召回；对于一些可能影响健康安全的事项予以充分披露。(3) 可持续消费，要求企业为消费者提供在整个生命周期中都有利于社会和环境的产品和服务。(4) 消费者服务、支持及投诉和争议处理，要求企业建立完善的投诉制度，消费争议处理机制，以合理的价格提供维修服务；建立完善的售后支持与咨询服务体系。(5) 消费者信息保护与隐私，要求企业必须严格限定个人信息的收集范围，采取充分的安全保障措施保护个人信息，完善并公开关于个人信息的做法和政策。(6) 基本服务获取，要求企业应维护并更新服务系统，以帮助防止服务中断；以公正的方式处理基本服务缩减或中断的情况，避免歧视任何消费者群体等。(7) 教育和意识，要求企业应当开展消费者教育，明确告知包括健康安全、可持续消费、废弃物处理、索赔途径等内容。

7. 社区参与和发展

社区参与和发展均为可持续发展的重要组成部分。为了体现并增强自身的公民价值观，企业宜积极支持其所在社区，为社区发展作出贡献。

社区参与和发展在实践中主要涉及七个议题：社区参与；教育和文化；就业创造和技能开发；技术开发和获取；财富和收入创造；健康；社会投资。这些议题要求企业应在项目管理制度中落实社区协商，落实社区志愿服务；促进文化活动，保护文化遗产，增加弱势群体的学习机会；考虑当地技能开发计划，并分析投资决策对就业的影响；考虑帮助开发能够解决当地社区问题的创新技术，并挖掘当地潜在的传统知识和技术；考虑通过多种方式促进良好的社区健康水平；将社会投资置于社区共同发展的角度考虑。

三、企业社会责任的合规实施路径

（一）层次责任循序推进

根据企业社会责任对企业履行责任的要求及内容不同，企业社会责任可以分为三个层次：必尽社会责任、应尽社会责任和愿尽社会责任。企业可根据自身的规模、资金实力、发展阶段分层次地科学界定自身社会责任的边界，循序推进社会责任履行的层次，促使企业自觉遵守道德规范，主动承担起社会责任。

1. 企业必尽社会责任

企业必尽社会责任是企业必须履行的责任，即企业必须遵守的法律法规所规定的各项义务。这类社会责任往往可能引发企业或其相关人员的刑事责任、行政责任、（重大）民事责任、行政处分等，严重影响企业的正常运营，甚至将直接面临取消继续经营的资格。因此，企业必尽社会责任是企业合规中的底线，必须得到全面贯彻与执行。

尤其对于初创期企业，资金有限、融资困难，生存和发展是企业的首选目标，对于企业必尽社会责任的合规，是确保企业依法合规、可持续经营的必要手段。

2. 企业应尽社会责任

企业应尽社会责任是在企业法律责任之上的道德伦理责任。企业没有尽到这类责任，不会受到法律上的教育与惩罚，但是会带来社会舆论的压力和公众的谴责，影响企业的正常平稳运行。因此，企业应尽社会责任是企业合规中的重点和难点，需要进行整体全面的分析与识别。

对于成长阶段的企业，需要寻求更多资金拓展企业，维护好与员工、消费者、投资者之间的良好关系，为企业进一步发展积聚力量，得到相关利益者的一致支持，则需要重点对企业应尽社会责任进行合规管理。

3. 企业愿尽社会责任

企业愿尽社会责任是企业在资源有余力的基础上为作出更大的社会贡献，或为解决社会可持续发展重大问题而自愿承担的责任。这类责任是企业履行社会责任的最高层次。企业愿尽社会责任并不是社会普遍期望企业所需履行的社会责任，因而即便不履行这类责任也不会受到法律制裁或道德非议，但是企业愿尽社会责任可以帮助企业打造企业美誉度，提高企业市场竞争力。

（二）业务主线发散拓展

许多企业已经意识到企业社会责任的重要性，不再把企业社会责任作为额外的成本或负担，而是作为能够帮助企业加强各类关系，提高企业声誉、降低经营风险、获取收益的企业竞争优势，于是开始竭力寻求实现企业社会责任活动的最好方式。但是，不少企业往往沉浸在公共关系与媒体宣传的美化中，仍然停留在“捐赠、慈善”等层面，试图通过在社会或环境方面的一些慈善行为来体现自己对企业社会责任的关注，而忽略了在企业经营和治理战略中植入社会责任理念。甚至部分企业仍然无法理解履行社会责任与企业经营效益之间的内生联系，仍然抱有履行社会责任将降低企业利润，将履行社会责任作为额外负担的想法。

企业承担社会责任应该把握社会责任与企业运营相融合的基本原

则，将社会责任融入企业战略、治理和日常经营，以自身的业务主线为原点对外拓展，将企业社会性与营利性的双重属性有机结合。寻找经营决策与社会政策的交融点，并将企业社会责任活动嵌入企业的特定业务中，才能在相互融合过程中有效推动企业的创新实践，最终增强企业的竞争力。

（三）强化主动披露宣传

1. 主动披露

企业应主动披露企业社会责任履行信息，加强宣传与传播。企业通过各种信息传播方式公开信息，可以与各利益相关者进行对话，让利益相关者知晓企业履行社会责任的情况。这种积极的信息沟通可以减少社会责任履行中的信息不对称，提高企业社会责任活动的透明度，建立企业与利益相关者之间的信赖关系，整合所有利益相关者需求，促使利益相关者作出有利于企业整体利益的决策。加快企业社会责任向企业竞争优势的转化，形成企业社会责任活动可持续发展的良性循环。

2. 客观真实

企业对信息的披露必须客观真实，才能够帮助企业在市场上建立良好的形象和声誉，才能够使企业有比较理想的业绩，才能够确保利益相关者与企业和谐相处，保证企业顺利运转。利益相关者只有在获得决策有用信息时才能对是否继续提供资源作出决策。

此外，充分发挥社会公众和舆论媒体的监督职责，充分保障利益相关者的权益，树立企业良好形象，为企业进一步发展创造有利的环境。

第二节　企业合规与行政责任

一、新型行政监管模式下的企业合规

企业合规，不仅涉及民事法律、刑事法律等众多方面，同时，行政法亦在合规领域扮演相当重要的角色，合规管理的政府监管是政府履行其市场监管职能的有效体现。同时，合规作为行政监管领域的一个监管方式，其在促进企业的良性治理方面起到相当重要的作用，它能够促进企业加强自身管理，不断提高风险发现能力和应对能力，且随着行政监管的不断探索和创新，逐步形成了新型行政监管模式下的企业合规管理模式。

（一）传统的企业合规行政监管及其弊端

从政府职责角度而言，合规管理的政府监管是为了维持市场经济秩序，而对企业合规行为进行监督管理的活动是政府履行市场监管职能的重要方式。政府监管是一个长期、动态的过程，覆盖市场主体从进入到退出的整个过程[①]。结合我国目前的企业合规行政监管领域现状，合规推进方式体现为由行政机关充当监管角色的一种机制。例如，散见于环境保护、食品药品安全、安全生产、反垄断与反不正当竞争领域的相

① 渠滢：《我国政府监管转型中监管效能提升的路径探析》，载《行政法学研究》2018年第6期。

关法律法规，均为企业的存续和正常经营创设了相应的合规义务。除立法规制的手段外，行政机关亦通过执法来督促企业建立健全合规管理机制及践行合规义务，在企业怠于履行其合规义务的情况下对企业施以制裁。

通过对合规行政监管领域现状分析发现，目前我国合规管理的政府监管从整体上来说仍存在过度依赖行政主导、监管制度供给不足、未能彰显监管功能优势等问题。在现有的监管模式下，企业自主权与政府监管权之间的有效协调仍未能达到一个理想的状态，仍需进一步消解融合，在充分发挥政府对企业合规监管的规范引导作用下，完善以监管激励机制提升企业的合规建设越来越受到社会的关注。

（二）新型行政监管模式下的行政和解制度

在行政监管领域，行政机关在充当监管“隐形手”角色，如何在有限执法资源项下更为有效地提高执法效率及实现企业合规良性发展成为重点关注问题。如果政府只倾向于惩戒而忽视激励机制的作用，仅仅依靠过度强制、单一的监管模式，企业与监管机构之间一直处于互相“博弈”的状态，将很有可能导致陷入一种“监管困境”的状态。

实际上，当代行政法理论已经确立了协商性的行政监管理念，对于相对人积极采取补救或整改措施、配合调查或积极披露违规事实等的，监管部门通常可以给予宽大的行政处理，从而达到一个实质性化解争议的目的。企业合规并不是笼统地要求企业“依法依规经营”，而是要求企业针对可能出现的违法违规情况，建立一套旨在防范、识别和应对合规风险的自我监管机制①。其中，企业在发生违规行为之前已经建立合规管理机制的，行政机关可以作出免予行政处罚或者减轻行政处罚的决

① 陈瑞华：《论企业合规的性质》，载《浙江工商大学学报》2021 年第 1 期。

定。对于这种以合规作为宽大行政处理依据的制度，通常称为“行政合规的实体激励机制”[①]。相较于传统的政府监管模式，该机制有利于缓解企业因行政机关严厉处罚所承受的合规压力，同时在确立企业已经建立合规管理体系情况下免除或减轻处罚的可能性使得企业具有更强的合规动力。而且，通过规范、激励或者倒逼企业建立、完善合规管理体系，也与近年来我国“放管服”改革步调相一致，亦与加强事中事后监管的理念相契合。

2021 年修订的《中华人民共和国行政处罚法》（以下简称《行政处罚法》）所规定的对涉嫌行政违法的相对人确立了若干项从轻、减轻或者免除行政处罚的情节，该法所体现的宽大处理措施，即属于合规的激励机制。同时，《优化营商环境条例》指出，监管执法中应当以说服教育、劝导示范、行政指导等非强制性手段为依托，在能够完成行政管理目的的基础上，尽可能减少刚性执法措施的实施，以确保市场主体的正常生产经营活动，伴随着优化营商环境政策的逐步落实，找到合规监管突破口就显得更加急迫。作为行政监管激励机制的合规，意味着一种名为“受规制的自我规制模式”的新型监管模式正在兴起[②]。监管部门为鼓励企业建立有效的合规管理路径，在保留必要监管手段及监管力度的情势下确立了一种以合规换取宽大行政处罚的监管方式。

我国政府监管部门已初步确立了包括强制合规制度、合规抗辩制度、合规减轻处罚制度以及行政和解制度在内的行政监管合规机制框架体系，其中，行政和解制度的确立对于推动企业建立合规管理体系具有

---

① 陈瑞华：《论企业合规在行政监管机制中的地位》，载《上海政法学院学报（法治论丛）》2021 年第 6 期。

② 毛逸潇：《合规在中国的引入与理论调适——企业合规研究述评》，载《浙江工商大学学报》2021 年第 2 期。

最为强大的激励作用①。对于已经建立合规体系的企业，行政机关在行政执法过程中可以做出宽大的行政处理。这种宽大处理通常被称为“行政和解协议”，也就是行政机关对承诺建立或者完善合规管理体系的涉案企业，给予合规考察并暂缓实施行政处罚的宽大机制，这也就是行政合规的程序激励机制。行政和解制度具有其实践合理性，其充分体现了行政权力的不可处分性及行政执法自由裁量的有机结合，行政机关可以在执法过程中与行政相对人进行协商，在达成合意之后签署执法和解协议，并据此终止执法程序②。

应当说这种行政和解不同于以往的行政复议和解及行政诉讼和解，系属于在行政执法过程中发生在行政机关与相对人之间的执法和解。这一和解发生的前提是相对人承认违法违规事实，积极配合行政机关的执法调查，并愿意缴纳和解金和采取必要的补救挽损措施。而行政机关在接受相对人的申请后，中止行政执法调查程序，在一定期限内给予相对人改过自新的机会，并根据相对人履行承诺的情况，来决定是否终止行政执法调查程序。

二、企业合规的行政监管激励机制

近年来，我国积极加强在企业合规管理领域的立法和执法。《中华人民共和国反垄断法》（以下简称《反垄断法》）、《中华人民共和国反不正当竞争法》（以下简称《反不正当竞争法》）和《中华人民共和国食品安全法》（以下简称《食品安全法》）等一系列法律的修订，明确

---

① 陈瑞华：《企业合规基本理论》，法律出版社 2020 年版，第 79 页。

② 李东方：《论证券行政执法和解制度——兼评中国证监会〈行政和解试点实施办法〉》，载《中国政法大学学报》2015 年第 3 期。

了企业的合规管理责任。同时，行政监管部门加大执法力度，查处了一系列引发社会关注的案件。例如，在“某公司滥用市场支配地位行政处罚案”中，一方面，考虑当事人能够按照要求深入自查，停止违法行为并积极整改等因素，国家市场监督管理总局对当事人处以其2019年度中国境内销售额4%的罚款；另一方面，国家市场监督管理总局在作出处罚决定的同时制作《行政指导书》，要求当事人从严格落实平台企业主体责任、加强内控合规管理、保护消费者权益等方面进行全面整改，依法合规经营。①

上述立法和执法活动对我国企业树立合规管理意识具有重要影响：一方面，有效的合规计划能够降低企业的行政处罚责任成本；另一方面，有效的合规管理不仅是公司自我有效治理的一种形式，还能大大节省外部行政监管和行政调查的资源。具体来讲，企业合规的行政监管激励机制体现在以下两个方面：作为宽大行政处理依据的企业合规和作为行政和解条件的企业合规。②

（一）作为宽大行政处理依据的企业合规

1. 作为从轻、减轻行政处罚依据的企业合规

《行政处罚法》第32条规定：“当事人有下列情形之一，应当从轻或者减轻行政处罚：（一）主动消除或者减轻违法行为危害后果的；（二）受他人胁迫或者诱骗实施违法行为的；（三）主动供述行政机关尚未掌握的违法行为的；（四）配合行政机关查处违法行为有立功表现的；（五）法律、法规、规章规定其他应当从轻或者减轻行政处罚的。”处罚

---

① 具体案情参见国家市场监督管理总局网站，https：//www.samr.gov.cn/xw/zj/202104/t20210410_327702.html，2022年8月8日访问。

② 类似观点参见孙春蕾：《论作为监管激励机制的企业合规》，载《行政管理改革》2021年第4期。

不是目的，处罚的目的是纠正和预防行政违法行为。处罚与教育相结合，处罚与违法行为的事实、性质、情节以及社会危害程度相当是《行政处罚法》的基本原则，本条关于应当从轻、减轻处罚的规定即体现了上述原则。与修订前相比，2021 年修订的《行政处罚法》增加了受他人诱骗实施违法行为、主动供述行政机关尚未掌握的违法行为这两个应当从轻、减轻行政处罚的法定情形。

其中，“主动消除或者减轻违法行为危害后果”“主动供述行政机关尚未掌握的违法行为”“配合行政机关查处违法行为有立功表现”具有一定的合规激励因素：“消除”或者“减轻”在实践中包含堵塞制度漏洞、消除管理隐患和预防违法违规行为再次发生的因素，也就是通常所说的合规检查；“供述”与“配合”则包含法律风险识别、合规监督的因素。因此，从该法的立法原意来看，上述法定从轻、减轻行政处罚的规定，包含“合规激励”的因素。①

除上述规定中明确的应当从轻、减轻行政处罚的法定情形外，还有一些可以从轻、减轻行政处罚的事由。例如，市场监管总局《关于规范市场监督管理行政处罚裁量权的指导意见》第 14 条规定，有下列情形之一的，可以依法从轻或者减轻行政处罚：（1）尚未完全丧失辨认或者控制自己行为能力的精神病人、智力残疾人有违法行为的；（2）积极配合市场监管部门调查并主动提供证据材料的；（3）违法行为轻微，社会危害性较小的；（4）在共同违法行为中起次要或者辅助作用的；（5）当事人因残疾或者重大疾病等原因生活确有困难的；（6）其他依法可以从轻或者减轻行政处罚的。

此外，在一些特定的行政监管领域中，亦有关于行政处罚宽大制度

① 类似观点参见陈瑞华：《论企业合规在行政监管机制中的地位》，载《上海政法学院学报（法治论丛）》2021 年第 6 期。

的规定，其中以《国务院反垄断委员会横向垄断协议案件宽大制度适用指南》为典型，即经营者主动向执法机构报告达成垄断协议的有关情况并提供重要证据，执法机构可以酌情减轻或者免除对该经营者的处罚。

实践中，相关的执法案例亦屡见不鲜。例如，在前述“某公司滥用市场支配地位行政处罚案”中，根据《反垄断法》第57条的规定，经营者违反本法规定，滥用市场支配地位的，由反垄断执法机构责令停止违法行为，没收违法所得，并处上一年度销售额1%以上10%以下的罚款。市场监管总局考虑当事人能够按照要求深入自查，停止违法行为并积极整改等因素，对当事人从轻处罚即处以其2019年度中国境内销售额4%的罚款。

2. 作为免于行政处罚依据的企业合规

《行政处罚法》第33条规定，违法行为轻微并及时改正，没有造成危害后果的，不予行政处罚。初次违法且危害后果轻微并及时改正的，可以不予行政处罚。当事人有证据足以证明没有主观过错的，不予行政处罚。法律、行政法规另有规定的，从其规定。对当事人的违法行为依法不予行政处罚的，行政机关应当对当事人进行教育。根据上述规定，法定不予行政处罚的情形有三种，具体包括：第一，违法行为轻微并及时改正，没有造成危害后果；第二，初次违法且危害后果轻微并及时改正；第三，当事人有证据足以证明没有主观过错，法律、行政法规另有规定的除外。《市场监督管理行政处罚程序规定》第20条[①]将上述三种情形规定为可以不予立案的情形。与修订前相比，2021年修订的《行政处罚法》增加了首违不罚、无主观过错不罚这两种不予处罚的情形，系基于监管目的而对行政处罚法定原则的调整，是合理原则、过罚相当原

---

① 《市场监督管理行政处罚程序规定》第二十条规定，经核查，有下列情形之一的，可以不予立案：(1) 违法行为轻微并及时改正，没有造成危害后果；(2) 初次违法且危害后果轻微并及时改正；(3) 当事人有证据足以证明没有主观过错，但法律、行政法规另有规定的除外；(4) 依法可以不予立案的其他情形。决定不予立案的，应当填写不予立案审批表。

则、惩罚与教育相结合原则的综合体现。①

上述三种不予行政处罚的法定情形中，“当事人有证据足以证明没有主观过错的，不予行政处罚”包含着较多的“合规激励”因素。关于主观过错是否属于行政处罚的构成要件，实践中存在分歧，法律适用不尽统一。2021 年修订的《行政处罚法》采取了“普遍过错推定+单行法补充”的立法模式，最大限度地凝聚了理论和实务的共识。虽然 2021 年修订的《行政处罚法》未对“没有主观过错”的审查标准、“足以证明”的证明程度等问题予以进一步明确，但已有观点认为是否建立合规体系是判断是否具有主观过错的重要保障之一，“企业如果没有合规体系，则可以认定具有过失。有了合规体系，如果没有执行到位，也有可能被认定为有过失”。② 此外，地方亦有对“没有主观过错”予以界定的立法尝试。例如，《江苏省市场监管领域轻微违法行为不予处罚和从轻减轻处罚规定》第 10 条规定，当事人是否存在主观过错，可以结合当事人是否履行了法定的生产经营责任、当事人是否通过合法途径取得商品或者相关授权等因素综合认定。因此，对企业而言，除法律、行政法规另有规定③外，企业可以结合自身经营活动中存在的行政违法风险点，建立相应的合规制度并严格执行，履行相应的合规义务，是面临行

① 袁雪石：《中华人民共和国行政处罚法释义》，中国法制出版社 2021 年版，第 217 页。

② 袁雪石：《中华人民共和国行政处罚法释义》，中国法制出版社 2021 年版，第 222 页。

③ 在“法律、行政法规另有规定”的判断上，结合全国人大法工委的解读，笔者理解有如下几种情形：(1) 直接规定为“故意”违法，如《反不正当竞争法》第十条规定的“采用谎称有奖或者故意让内定人员中奖的欺骗方式进行有奖销售”；(2) 明显是“故意”违法，如《检验检测机构监督管理办法》第二十六条规定的“出具虚假检验检测报告的”；(3) 许多法律法规在规定行政处罚时，一般前面有“违反本×规定……”的表述，如未经批准、擅自等，而且在法律实体规定上也有相应的要求。不遵守法律规定，通常推定为主观上有过错，如《食品安全法》第一百二十二条规定的“违反本法规定，未取得食品生产经营许可从事食品生产经营活动”。在前述三种情形中，当事人的主观过错系行政处罚的要件，应由行政机关承担相应的证明责任。

政处罚时证明自己没有主观过错进而争取不予处罚的重要基础。

在一些特定的行政监管领域中，亦有类似规定。[①] 例如，《食品安全法》第 136 条规定："食品经营者履行了本法规定的进货查验等义务，有充分证据证明其不知道所采购的食品不符合食品安全标准，并能如实说明其进货来源的，可以免予处罚，但应当依法没收其不符合食品安全标准的食品；造成人身、财产或者其他损害的，依法承担赔偿责任。"2021 年修订的《医疗器械监督管理条例》第 87 条规定："医疗器械经营企业、使用单位履行了本条例规定的进货查验等义务，有充分证据证明其不知道所经营、使用的医疗器械为本条例第八十一条第一款第一项、第八十四条第一项、第八十六条第一项和第三项规定情形的医疗器械，并能如实说明其进货来源的，收缴其经营、使用的不符合法定要求的医疗器械，可以免除行政处罚。"根据上述规定，经营者履行了法律、行政法规规定的进货查验等义务，并能如实说明其进货来源的，可以不予行政处罚。《反不正当竞争法》第 7 条第 3 款规定："经营者的工作人员进行贿赂的，应当认定为经营者的行为；但是，经营者有证据证明该工作人员的行为与为经营者谋取交易机会或者竞争优势无关的除外。"根据原国家工商行政管理总局的解读，有证据证明该工作人员的行为与为经营者谋取交易机会或者竞争优势无关是指经营者已制定合法合规合理的措施，采取有效措施进行监管，不放纵或变相放纵工作人员实行贿赂行为。[②]

从司法实践上看，当事人是否履行了法律、法规、规章规定的注意义务是判断当事人有无主观过错的主要依据。[③] 例如，在"某商贸公司

---

① 相关梳理参见尹培培：《论新〈行政处罚法〉中的"主观过错"条款》，载《经贸法律评论》2021 年第 3 期。

② 参见《总局反垄断与反不正当竞争执法局局长就新〈反不正当竞争法〉接受记者专访》，载《中国工商报》2017 年 11 月 9 日。

③ 程琥：《论行政处罚过错推定的司法审查》，载《行政法学研究》2022 年第 3 期。

诉某区市场监督管理局等食品安全行政处罚案”中，某商贸公司于2018年3月26日自上海某进口公司购入720瓶某品牌进口啤酒，并于当月28日全部批发给某超市。同年5月8日，某区市场监督管理局接到投诉，称涉案超市销售不符合食品安全标准的进口啤酒。某区市场监督管理局经过调查，认定某商贸公司经营的涉案品牌进口啤酒外文标签标注的“甜味剂：甜菊糖苷、抗氧化剂：抗坏血酸”在中文标签中没有标注，不符合食品安全国家标准及《食品安全法》第67条、第97条的规定，鉴于该公司购入涉案啤酒前，查验并留存了相应的海关报关单、入境检验检疫合格证明与供货者的经营许可证，不知道所采购的食品不符合食品安全标准，没有违法的故意，且系初次违法，并能如实说明进货来源，主动提供证据配合调查，应当减轻处罚，故决定没收该公司违法所得4213元，并处货值金额2.5倍罚款共27720元。该处罚决定另认定，某商贸公司未建立并严格遵守进货查验记录和食品销售记录制度，违反了《食品安全法》第53条第2款、第4款的规定，对该公司警告，并责令该公司改正上述违法行为。

某商贸公司认为自己严格按照《食品安全法》第53条第1款关于“应当查验供货者的许可证和食品出厂检验合格证或者其他合格证明”的规定，尽到了审慎的食品质量注意义务，应当不予处罚，先向区人民政府申请行政复议。在区人民政府作出维持的复议决定后，又向区人民法院提起行政诉讼。一审判决作出后，某商贸公司又向市中级人民法院提起上诉。二审法院经审理认为，某商贸公司作为从事食品批发经营的企业，在购入涉案啤酒前，不仅要履行《食品安全法》第53条第1款规定的“应当查验供货者的许可证和食品出厂检验合格证或者其他合格证明”的义务，还要履行该条第2款规定的食品经营企业应当建立食品进货查验记录制度的义务，以及该条第4款规定的从事食品批发业务的经营企业应当建立食品销售记录制度的义务。某商贸公司未履行食品批发经营企业的后两项义务，应当受到行政处罚，且不具备免予处罚的条件。某区市场监管局在处罚幅度内减轻处罚并无不当，遂判决驳回上诉。①

（二）作为行政和解条件的企业合规

随着行政监管模式的转型，行政和解日益成为一种重要的行政争议解决机制。② 在行政监管环节，通过与企业达成行政和解协议的方式，来推动企业建立有效的合规计划，这是西方国家普遍采取的行政监管激励机制之一。③ 我国行政立法和执法领域一直奉行“职权法定”“行政权力不得自由处分”的理念，对于引入源自英美的行政和解协议制度一直存在争议。④

2020年，新修订的《中华人民共和国证券法》（以下简称《证券法》）正式实施，《证券法》第171条⑤的规定使证券期货违法行为行政和解制度结束了长达5年的试点阶段，正式成为我国证券监管部门对证券期货违法行为进行监管的法定措施，这也标志着行政和解制度被正

① （2020）鲁01行终160号行政判决书，载中国裁判文书网，https://wenshu.court.gov.cn/website/wenshu/181107ANFZ0BXSK4/index.html?docId=eb974283b2bd497a90f4abad00b7c043，2022年8月8日访问。

② 周佑勇、解瑞卿：《行政和解的理论界定与适用限制》，载《湖北社会科学》2009年第8期。

③ 陈瑞华：《行政执法和解与企业合规》，载《中国律师》2020年第6期。

④ 李东方：《论证券行政执法和解制度——兼评中国证监会〈行政和解试点实施办法〉》，载《中国政法大学学报》2015年第3期。

⑤《证券法》第一百七十一条规定，国务院证券监督管理机构对涉嫌证券违法的单位或者个人进行调查期间，被调查的当事人书面申请，承诺在国务院证券监督管理机构认可的期限内纠正涉嫌违法行为，赔偿有关投资者损失，消除损害或者不良影响的，国务院证券监督管理机构可以决定中止调查。被调查的当事人履行承诺的，国务院证券监督管理机构可以决定终止调查；被调查的当事人未履行承诺或者有国务院规定的其他情形的，应当恢复调查。具体办法由国务院规定。国务院证券监督管理机构决定中止或者终止调查的，应当按照规定公开相关信息。

式确立在我国行政法律之中。根据《证券法》的授权，《证券期货行政执法当事人承诺制度实施办法》于 2021 年 10 月 26 日发布，并于 2022 年 1 月 1 日实施。该实施办法对《证券法》第 171 条规定的行政执法当事人承诺制度进行了细化，通过放宽案件适用范围和条件、完善适用程序、规定投资者对救济渠道享有选择权等规定提高了制度的可适用性和可操作性。

实践中，亦有证券监管部门适用上述规定与行政相对人达成和解协议的案例。例如，在“中国证监会与某盛公司、某证券公司行政和解协议案”中，2013 年 10 月 8 日至 2015 年 7 月 3 日，某盛公司自营交易员通过在某证券公司开立的经纪业务账户进行交易，同时向某证券公司自营交易员提供业务指导。双方于 2015 年 5 月至 7 月的 4 个交易日的部分交易时段，从事了其他相关股票及股指期货合约交易。中国证监会于 2016 年 7 月对上述行为进行立案调查。

2019 年 4 月 23 日，经申请，某盛公司、某证券公司以及相关工作人员等 9 名行政相对人（以下简称申请人）与中国证监会达成如下行政和解协议：(1) 申请人已缴纳行政和解金共计人民币 1.5 亿元。(2) 申请人已采取必要措施加强公司的内控管理，并在完成后向中国证监会提交书面整改报告。(3) 根据《行政和解试点实施办法》第 29 条的规定，中国证监会终止对申请人有关行为的调查、审理程序。①

三、企业行政（监管）合规的可能路径

近年来，建立“刑事合规”以及企业合规的“刑法激励机制”的问

① 《中国证券监督管理委员会公告〔2019〕11 号》，载中国证券监督管理委员会网站，http://www.csrc.gov.cn/csrc/c101950/c1048040/content.shtml，2022 年 8 月 1 日访问。案例中引用的法律法规均为案件发生当时有效。

题，引起了学术界和实务界的普遍关注。但相比之下，在行政监管领域引入企业合规机制仍然处于少部分监管部门的零星探索阶段。

但是，尽管缺少相关法律规定的支持，行政监管部门却出于实际监管的需要，对在行政监管领域引入企业合规机制这一问题进行了有益的探索。根据陈瑞华教授的梳理，我国已经初步形成了六种行政监管合规制度，即发布合规指引、推行行政指导、实施强制合规、确立预防性监管机制、推动合规宽大处罚机制与试行行政和解制度。[①] 其中，发布合规指引较为常见。例如，为帮助企业预防行政处罚，苏州市于 2021 年 11 月 29 日发布首批《企业行政合规指导清单》（以下简称《清单》）。《清单》聚焦企业受到行政处罚的“高频”违法行为，根据违法行为出现频率、处罚程度设定相应风险等级，每个合规事项均详细阐述常见违法行为表现、法律依据及违法责任、合规建议、指导部门等内容，将行政指导融入涉企行政执法中，引导企业排查风险，指导企业合规经营。

随着经济社会的快速发展，行政法律关系呈现出多元性、复杂性，传统的行政监管手段虽然能够快速维护行政秩序和公共利益，但侵益性明显，不利于贯彻处罚与教育相结合原则、优化营商环境和维护社会稳定。实际上如前所述，我国的行政监管部门一直探索在行政监管领域引入企业合规机制，因为通过为行政相对人设定防范相关风险的法律义务，更有利于从源头上避免行政违法风险的产生。同时，2021 年修订的《行政处罚法》虽未明确将合规作为不予行政处罚或从轻、减轻行政处罚的依据，但新法关于无主观过错不予处罚等规定实际上为后续将合规纳入行政处罚预留了空间。

结合前述分析，行政（监管）合规的可能路径如下。

---

① 陈瑞华：《论企业合规在行政监管机制中的地位》，载《上海政法学院学报（法治论丛）》2021 年第 6 期。

首先，在企业合规的宽大处理机制方面，目前一些分散的相关规定有必要逐步整合成一种普遍的、系统的合规激励机制。一方面，立法机关有必要总结一下《反不正当竞争法》和《反垄断法》相关制度实施的效果，将合规宽大处理机制在行政处罚领域全面确立下来。另一方面，在未来的行政处罚立法或者各地方、各监管领域的立法中，企业建立较为完善的合规管理体系并得到执行的，应当被认定为“没有主观过错”；同时，还应当将企业建立合规机制作为法定的从轻、减轻处罚情节。

其次，在行政和解制度的完善方面，有必要将其适用范围从证券期货监管领域扩展到其他行政监管领域（尤其是市场监管领域、银行金融监管领域、生态环境保护领域、网络与信息安全监管领域等），使其被确立为一种普遍的行政合规激励机制。

最后，在强制合规制度的推行方面，目前我国的立法尝试还只是刚刚起步，如《防范和处置非法集资条例》第13条规定：“金融机构、非银行支付机构应当履行下列防范非法集资的义务：（一）建立健全内部管理制度，禁止分支机构和员工参与非法集资，防止他人利用其经营场所、销售渠道从事非法集资；（二）加强对社会公众防范非法集资的宣传教育，在经营场所醒目位置设置警示标识；（三）依法严格执行大额交易和可疑交易报告制度，对涉嫌非法集资资金异常流动的相关账户进行分析识别，并将有关情况及时报告所在地国务院金融管理部门分支机构、派出机构和处置非法集资牵头部门。”有必要扩大强制合规制度的适用范围，即在重点监管领域（如金融监管领域、食品药品监管领域和生态环境保护领域等），将企业合规管理的基本要求转化为企业的法律义务，并明确企业未履行建立合规管理体系义务时所对应的行政法律责任。

第三节　企业合规与刑事责任

一、我国企业刑事合规发展现状

2020 年 3 月，最高人民检察院在试点地区开展了企业合规改革工作，对民营企业涉刑案件，实行宽缓的量刑原则，督促相关企业的合规改革，试点地区包括上海浦东、金山，江苏张家港，山东郯城，广东深圳南山、宝安 6 家基层人民检察院。在刑事合规制度化的趋势下，全国很多地方司法机关开始了刑事合规从宽和考察制度的实践探索。

2021 年 4 月，最高人民检察院启动了第二期企业合规改革试点工作，为期一年。此次将试点范围扩大到北京、辽宁、上海、江苏、浙江、福建、山东、湖北、湖南、广东 10 个省市，试点范围涵盖了 62 个市级院和 387 个基层院，并允许这些省级检察院可根据本地情况，自行确定 1 至 2 个设区的市级检察院及其所辖基层检察院作为试点单位，此举进一步扩大了试点的覆盖范围，刑事合规改革工作在全国多地展开。

2021 年 6 月，最高人民检察院、司法部等九部门联合发布了《关于建立涉案企业合规第三方监督评估机制的指导意见（试行）》（以下简称《意见》），建立了刑事合规的第三方评估制度，第三方的评估和考察结果是检察院处理案件的重要参考。《意见》规定了试点地区使用第三方评估机制要求企业和个人认罪认罚、自愿，且有能力进行合规改善，并规定了检察院建议、审查等职责。这标志着在我国的刑事合规体系中，正式将评估、考察、监督的重要职责交予第三方组织。

涉案企业改革对于推进企业依法合规经营，服务经济社会高质量发展和营造法治化营商环境具有重要意义。截至目前，最高人民检察院已连续向社会发布四批涉案企业合规典型案例。在这样的背景下，企业尤其是中小企业应该认识到刑事风险的严重性和合规的必要性，要转变过去认为“只要不主动实施犯罪就没有刑事风险”的旧思想，即使不能做到全面合规，也要将刑事合规的建立作为企业发展布署规划中的重中之重。

企业一旦遭遇刑事犯罪，首先将面临高额的罚金，单位犯罪的社会危害性以及刑事手段的严厉性和惩罚性决定了对企业的罚金刑数额一般远高于自然人罚金刑，动辄几百万甚至上千万，这对很多企业来说本身就是无法承受之痛。2019 年度检察机关保护知识产权典型案例之五，某食品公司因销售假冒的“星巴克”速溶咖啡，被认定为销售假冒注册商标商品罪，并被判罚人民币 320 万元，罚金数额超过该公司违法所得的 3 倍还多，如此高额罚金对于任何一个中小型企业来说都无疑是一个重创。①

其次，除经济损失外，刑事犯罪还会使企业的信誉和声望大打折扣，在业界和公众眼中的形象骤然下滑，由此失去大量交易机会。这种负面影响将会长期持续且难以摆脱，对一个想要获得长远发展的企业来说是致命的。一旦被打上犯罪的烙印，企业就很难在市场竞争中重获信任。

再次，企业触发刑事合规风险将牵连与企业相关的员工、股东、投

---

① 《2019 年度检察机关保护知识产权典型案例发布》，载中国长安网，http：//www.chinapeace.gov.cn/chinapeace/c100007/2020-04/25/content_ 12343216.shtml，2022 年 8 月 8 日访问。

资人、合作机构等各方的利益，可能会造成大量员工失业，投资人亏空乃至破产，合作事项违约或项目烂尾等，若是影响力大的企业发生上述情况，甚至还会造成局部经济的动荡。

一次刑事风险的疏漏和侥幸，可能就会引发刑事犯罪；而一次刑事犯罪的发生，可能就会摧毁一个企业全部基业，让企业从初创到发展投入的一切努力都可能付诸东流。

二、企业合规面临的刑事风险识别

刑事风险的识别对于刑事合规的开展来说至关重要。不同行业面临的刑事风险有其共性，也有其特性。下文将以不完全列举的方式从共性和特性两个方面来介绍不同行业所面临的典型的刑事风险。企业只有在了解刑事风险的基础上，才有可能准确地识别和分析刑事风险。

（一）共性：职务类犯罪

1. 贪污罪与职务侵占罪

贪污罪的主体是特殊主体，需要注意对国家工作人员的认定。根据《刑法》的规定，除国家机关工作人员外，受国家机关、国有公司、企业和事业单位的推荐、任命或批准到国有控股公司或者参股公司，履行领导、管理或监督职能的，也被认为是国家工作人员。此外，受国有单位委托，管理、经营国有财产的人员，也属于国家工作人员。因此，非国有企业的工作人员也有可能构成贪污罪。

对于企业管理人员而言，有效的刑事合规制度非常有必要。企业应该制定严格的规章制度限制员工的腐败行为，并对员工进行充分的告知和培训。

2. 受贿和行贿类犯罪

受贿行为所收受的财物除货币外，还包括财产性利益，只要可以被金钱所评价，都可能属于受贿行为。在受贿罪中，收受财物替他人谋取利益，这个利益无所谓是否真正实现，也无所谓利益是否正当，只强调财物与谋取利益的关联性。可以看出，在此类犯罪中，所有的构成要件都应该作相对泛化的解读，这与国家反腐倡廉的政策背景是息息相关的，企业和个人要破除侥幸心理，做好充分的合规审查，避免行贿与受贿风险。

3. 滥用职权和失职类犯罪

针对滥用职权罪，合规方式一般包括明确公司规章制度、细化职权范围等，并在每个决策和执行环节中尽可能留下纸质材料，以便在刑事审查中将个人职权与职务行为相对应。针对玩忽职守罪等失职类犯罪，可以在公司的日常会议和讨论中最大限度地保留记录，哪怕是小范围的工作交流，也留下可供查证的证据，这些都可以成为涉案企业的重要抗辩证据。

4. 挪用公款罪、挪用资金罪

挪用并不是归为己有，不具有非法占有的目的，这是理解这类罪名的前提。另外，这类罪名中，“挪用”的行为也应该作相对泛化的理解，归个人使用是挪用，私自借给其他企业使用是挪用，违反国家专款专用制度将款项另作他用也是挪用。因此，在制定合规制度时，应该明确使用公款和公司资金的正规程序，并严格执行相关程序。只要程序合法，并且有证据可循，就可以避免相关的刑事风险。

（二）特性：行业分类

1. 银行业

在金融机构从业人员犯罪案件中，银行是相对涉案最多的，涉案工作人员多为基层员工。

(1) 基础业务——违规放贷

吸收存款、发放贷款是中国商业银行一项基础业务，为社会经济的发展提供了重要的资金保障。为规范存款、贷款行为，保证存款、贷款的安全性和使用的有效性，国家制定颁布了《商业银行法》《贷款通则》等一系列法律法规和规章，对有关存款、贷款问题作出了规定。

银行机构及其工作人员在经营和办理存款、贷款业务的过程中，如果违反了上述国家规定，违规吸收存款或违规发放贷款，情节严重达到刑事立案标准的，则涉嫌违法发放贷款罪、吸收客户资金不入账罪。

(2) 增值业务——违规出票

金融票证作为专为融通资金而签发的一种票证，在市场经济运行中有着不可替代的作用。而在所有的票据种类中，银行汇票和银行本票是需要银行以出票人的身份出票的。在此过程中，银行工作人员如果违规为他人出具信用证、保函、票据、存单、资信证明等金融票证或者对违反《票据法》规定的票据予以承兑、付款或者保证的，不仅给不法分子提供可乘之机，还会给银行造成巨大损失。违反规定制作相关的金融票证以及将制作的金融票证提供给他人使用，造成重大损失的，构成违规出具金融票证罪。

(3) 其他业务——泄露信息

银行作为金融机构，除吸收、管理客户资金外，同时还掌握着客户身份信息、银行流水等私人信息，根据中国人民银行发布的《中国人民银行关于银行业金融机构做好个人金融信息保护工作的通知》，银行有保守客户信息秘密的义务。但基于拓展业务、维系客户等原因，银行客户的个人信息很容易成为交易的对象。在《银行业金融机构数据治理指引》发布之前，银行客户的个人数据被用以交易牟利的情况时有发生，并且还有为了满足“大客户”要求从而泄露普通客户个人信息的现象。银行管理人员、基层员工泄露客户信息，情节严重的，可能涉嫌非法提供信用卡信息罪或侵犯公民个人信息罪。与此同时，银行也需要承担管理不当、监管措施不到位等责任，情节严重甚至还会受到行政处罚。

2. 互联网行业

互联网时代，用户信息对互联网企业而言是兵家必争之地。但随着相关法律的不断完善，用户信息的不当处理成为互联网行业重大风险之一。近年来，企业侵犯个人信息犯罪的案件数量暴增。企业唯有重视用户信息的合规预防，才能在合理利用信息带来业务优势的同时，保障企业的平稳发展。

（1）信息收集

在关于用户信息的风险点中，用户信息收集环节是最容易发生刑事合规风险的。企业收集用户信息必须取得用户的正式授权，不能仅以格式条款的方式加以规定，而是需要取得用户明确的有效授权，并使客户对信息的使用充分知情。2021 年 11 月 1 日生效的《个人信息保护法》中规定了企业在收集用户信息前应该告知用户所收集信息的种类、使用目的、使用方式等。对具体信息的收集也应该与信息的使用目的直接相关，不能过度收集。

从合规角度来说，企业在获取用户授权时就要避免类似格式条款等可能会产生风险的授权方式。同时，在收集信息之前要明确使用信息的具体目的，缩小收集范围，避免陷入过度收集的风险中。还需要注意的是，企业要谨慎使用“爬虫”技术抓取其他用户和其他平台的信息，避免涉及非法侵入计算机系统罪等罪名。

（2）信息保存

企业在信息的保存过程中也要注意刑事合规的落实。企业在保存公民个人信息的过程中很容易产生刑事风险。例如，由于保密管理的疏漏，在职员工或者离职员工泄露经手的信息，或者由于企业管理人员本身的风险意识不足，随意处理甚至与其他企业共享用户信息等。这些行为都蕴含着严重的刑事风险。

企业保存信息最好制定严格的信息保密制度，按照保密级别分层管理，对于敏感信息要尽可能缩小公司内部的获取范围，以免增加信息泄露的风险。在日常的合规培训中，要提醒员工对工作中获取的信息有保密义务，如果泄露这些信息可能会构成侵犯公民个人信息罪。企业通过建立完整的信息合规制度、加大保密级别、明确告知员工等方式对个人信息加以严格管理，也是避免企业由于疏忽放纵而涉嫌拒不履行信息安全管理义务罪的有效方式。

（3）信息使用

企业利用公民个人信息加工所获得的统计数据、宏观结论等在向外发布时，一定要去除原始信息的可识别性。如果需要将原始信息向其他企业共享或者对外公布，必须再次获得用户的重新授权。

近年来，互联网公司的信息犯罪往往是一个企业被调查，牵涉许多关联企业也被查出违法行为。因此，对于合作公司的合规审查也是进行信息合作时的必要环节。

3. 房地产行业

房地产行业是一个传统且资金密集型的行业，存在建设周期和回报周期长等特点，因此，刑事合规贯穿于房地产企业的各个环节之中。

（1）工程承接环节

随着我国建筑行业的发展，招投标作为在市场经济长期活动中形成的较为成熟的交易方式也被普遍应用在房地产项目承接环节中。目前，房地产企业的大多数工程是通过招投标方式获得的，在土地资源有限的情况下，市场竞争十分激烈。由于招投标是工程项目开发的首个环节，为了在招投标环节确保中标从而获得项目，在此环节中很有可能涉嫌串通投标罪、行贿罪、对非国家工作人员行贿罪等刑事犯罪。

（2）融资环节

房地产企业在开发建设初期，资金需求量大，企业自有资金难以支撑，大多房地产企业都是通过融资的方式获取资金。融资渠道主要有以下几类：

①银行贷款融资。银行贷款是房地产企业最主要也是最常见的融资渠道。在此过程中，部分企业在不具备贷款资格的情况下，为了尽快取得贷款，可能提供虚假材料如财务报表、审计报表、会计凭证、经济合同等，或者提供虚假的财产担保，如果将来无法按期归还贷款，则该企业及负责人极有可能因涉嫌骗取贷款罪甚至贷款诈骗罪被追究刑事责任。

②向社会融资。在不符合贷款条件无法获取银行贷款或无法获得其他金融机构融资的情况下，个别房地产企业也有可能向社会募集资金，这也是风险最大的一种融资方式。因为一旦出现资金链断裂，出借人如果集体向公安机关提起刑事控告，由于房地产企业不具有吸收公众存款的资质，企业会以涉嫌非法吸收公众存款罪被公安机关追究刑事责任。

（3）施工环节

由于大多数房地产企业在获取项目、取得融资等前期环节就需要付出大量的财务成本，为保证自身利益，在承接工程后的施工环节为降低成本，减少支出，部分房地产企业及其人员会在施工质量上做手脚以谋求利润，一旦因工程质量问题发生事故，极易涉嫌重大责任事故罪和重大安全事故罪。

4. 影视行业

影视行业近几年出现了一些影视公司、知名艺人被曝出有涉嫌逃税、避税案件。对此，税务管理部门采取了一系列举措加强税务监管，如终止影视工作室定期定额征收方式，改为查账征收。2018 年 10 月，国家税务总局发布《国家税务总局关于进一步规范影视行业税收秩序有关工作的通知》，要求加强对影视行业天价片酬、偷逃税等问题的治理，控制不合理片酬，推进依法纳税，促进影视行业健康发展。

避税分为合法避税和非法避税，合法避税是指纳税人在法律允许的范围内采取一定的形式、方法和手段规避、降低或延迟纳税义务的行为。例如，国家产业引导对环保产品的减免税行为，或者引进高科技产业地方所采取的税收优惠行为等，都是合法避税行为。但影视行业、影视公司和艺人存在的避税手段主要有三种：一是现金交易，不报税，这种方式本质上是偷税。二是“阴阳合同”或者“大小合同”。如果事先做好安排，税务机关看到的是小合同，转账记录也是小数额，其余数额均通过其他方式或者其他人的银行账户转账。三是通过设立公司，将个人收入转入公司，由公司承担个人与家庭的各种开支。这些方法都属于逃税，不仅会受到行政处罚，若逃税数额达到一定的标准，还会构成逃税罪。

三、企业刑事合规管理的实施路径

（一）制度层面

刑事合规是企业合规的重要组成部分，企业和员工的生产经营活动不仅要符合法律、法规的相关要求，还应符合公司章程、管理规定、员工手册等内部规章制度的相关要求。

法律、法规规定的是最基础、最常见的一些问题。对于法律法规未涉及或未细化的规定，就需要企业通过制定有针对性、符合本企业生产经营模式的制度予以明确，即将“合规”落实到企业和员工日常的行为之中，使企业的生产经营和员工日常工作均有清晰明确的制度要求和操作指引。

（二）管理层面

大多数具有一定规模较为成熟的企业都有自己的法务部门，法务部门往往也充当“合规”的角色。一般法务部门主要工作内容是起草、审核、修改合同，在企业发生纠纷需要诉讼时出庭应诉或者负责选聘律师进行对接，虽然说审合同也是“合规”的工作之一，但企业刑事合规绝不仅限于审合同。从企业层面讲，从立项、签约、交易到合同的具体履行，都需要合规人员全程参与，规避刑事风险；从人员层面讲，从企业管理者的决策、命令到员工的日常工作行为，也都需要合规人员予以监督。因此，企业应当在有条件的基础上建立专门的合规部门，或者至少在法务部门内增设合规团队或合规专员。

（三）外部支持

随着企业管理者法律意识、合规意识的不断增强，除在企业内部设立合规部门外，还会聘请律师事务所作为企业的常年法律顾问，进行审核合同、解答咨询、应对诉讼等业务。但从企业聘请的法律顾问组成人员来看，大多数为擅长商事诉讼、劳动仲裁或非诉领域的律师，一般不把刑事律师纳入常年法律顾问团队中。相比商事律师、劳动仲裁律师或非诉律师，刑事律师对于企业在经营管理日常中的合同、资金往来等事项所可能涉及的刑事风险点相对更为敏感，其提出的修改建议有助于帮助企业规避刑事风险，因此，企业可以考虑吸收刑事律师作为企业常年法律顾问的组成人员。

此外，根据《关于建立涉案企业合规第三方监督评估机制的指导意见（试行）》中明确规定要建立涉案企业合规第三方监督评估机制的要求，目前在司法实践中，有三种不同的外部合规监管模式。

一是检察机关主导模式，即由检察机关主导聘请专业机构作为外部监管人。

二是独立监控人模式，该模式是指在检察机关决定启动合规监管程序后，要求涉案企业聘请独立的第三方组织人员协助并监督其进行合规制度建设。第三方组织一般包括律师、会计师、税务师等外部相关专业人员。在考察期结束后，第三方组织需要针对涉案企业合规制度的建设情况出具书面报告，作为检察机关作出相关决定的重要参考。例如，深圳市某检察院将律师事务所作为第三方独立监控人，并与当地司法局共同负责独立监控人名录库的建设工作，涉案企业可在名录库中选择其想要聘请的独立监控人，相关薪资费用由涉案企业自行承担。

三是行政部门监管模式，该模式是指检察机关在决定对某一涉案企业启动合规监管程序后，委托有关政府部门或有关行政监管机关一并作为监督主体，对涉案企业的合规制度建设进行监督考察。检察机关在考察期间与行政监管机关保持密切交流，以掌握企业合规建设的具体情况。考察期结束后，检察机关应当在听取行政监管意见的基础上，综合全案情况，依法作出起诉与否的决定。例如，辽宁省人民检察院联合9家单位发布的《关于建立涉罪企业合规考察制度的意见》，对涉及污染环境罪、走私犯罪、税收犯罪的涉案企业，要求由检察机关与负有相关监管职责的行政部门共同作为合规监督考察的主体，并对不同类型涉案企业的考察重点进行了规定。

（四）企业文化

企业管理者应当意识到，在各项法律制度越来越健全的趋势下，合规文化应当成为企业文化的重要组成部分。合规文化建设的核心内容是合规管理、合规经营、合规操作。企业应当通过组织定期内部培训、律师宣讲、合规宣传标语等方式，把学法、知法、懂法、严格执行企业规章制度作为员工合规培训的主要内容。在企业全体员工中牢固树立合规人人有责、合规创造价值和主动合规的意识，并针对合规建立惩罚和奖励机制，促使管理者依法决策、合规管理，各部门员工按章办事、合规操作。

四、企业刑事合规与合规不起诉制度的具体适用

（一）合规不起诉制度的适用条件

首先，合规不起诉制度的适用对象范围较为广泛。检察机关通常规定将合规不起诉制度既适用于企业犯罪案件，也适用于企业经营者、管理者、关键技术人员等重要生产经营人员与企业生产经营相关的个人犯罪案件。

其次，关于企业合规不起诉的适用范围。企业合规不起诉一般适用于可能判处三年以下有期徒刑的轻微刑事案件，但部分试点地区的人民检察院，如某省人民检察院规定具有特定情形的可能判处三年以上十年以下有期徒刑的案件也可以适用，如自首、从犯以及立功等情节。

再次，关于企业合规不起诉适用的案件类型。《关于建立涉案企业合规第三方监督评估机制的指导意见（试行）》中明确规定企业合规不

起诉适用于经济犯罪和职务犯罪案件，具体到相应的罪名，一般包括生产、销售伪劣产品罪；税收犯罪；地方金融组织犯罪；银行保险企业犯罪；污染环境罪；破坏自然资源罪；走私犯罪等。

最后，关于企业合规不起诉适用的其他条件。一是涉罪企业及人员是初犯、偶犯；二是犯罪事实清楚，证据确实充分；三是涉罪企业及人员对主要的犯罪事实无异议，且自愿认罪认罚。

（二）合规不起诉制度的启动条件

首先，企业合规不起诉的启动主体是检察机关。检察机关具有企业合规不起诉程序的启动权，但其他司法机关，特别是公安机关具有提出适用建议的权利。另外，涉罪企业及其人员也可以向检察机关提出适用企业合规不起诉的申请。

其次，关于企业合规不起诉的启动时间，目前尚未有统一的规定，《最高人民检察院关于开展企业合规改革试点工作方案》只明确应当与认罪认罚从宽制度、检察建议和依法适用不起诉结合起来，并没有规定具体的时间。

最后，关于企业合规不起诉的启动条件，实践中一般以涉罪企业及其人员在值班律师或辩护律师在场的情况下签署认罪认罚具结书和合规承诺书为前提。

（三）合规不起诉的运作机制与流程

地方检察院出台的政策都对合规不起诉制度的运作机制与流程作出详细规定。一般而言，在检察机关对涉罪企业审查起诉之前，都需要先判断合规不起诉制度是否适用于该企业，并向企业征询是否适用该制度的意见；如确定适用该制度，则检察机关确定该企业的合规考察期（目前各地时间不一致，有3个月至5个月或6个月至2年），在考察期内由企业聘请或检察机关指派专业的合规人员（如律师、会计师、税务师等），制订合规计划并交付执行，由检察机关在考察期满后验收合规整改的情况并决定是否提起公诉。

第五章

企业合规文化建设

企业开展合规管理建设，是一项系统性的工程，合规管理的开展往往“牵一发而动全身”，因此需要企业自身具有开展合规管理的基础“土壤”，同时，企业深入开展合规管理又不断增强和完善企业的合规“土壤”。企业合规的基础建设内容，包括打造和构建企业合规文化、通过合规建设规范员工行为、开展合规管理培训及运行合规管理举报机制。

本章第一节介绍企业合规建设的文化支撑。文化作为一定群体的精神及意识的结晶，本身具有自我创造、自我发展、自我传承的内在生命力，合规文化在企业合规建设过程中有着重要的推进与保障作用，企业合规文化的养成有内部建设和外部推动两条路径，企业应当有意识地培育和引导合规文化的养成。本章第二节介绍企业合规文化的培训机制。合规培训对合规文化养成具有促进作用，反过来合规文化的养成又需要通过培训产生“潜移默化”的效果。本章第三节介绍企业员工的行为规范与举报制度。合规管理规范的本质是人员的行为，员工行为合规是企业合规文化的重要载体和表现，企业可以通过培育合规意识、落实流程制度、推进奖惩考核、完善监察机制等方式，不断加深合规文化对员工行为的影响。

第一节　企业合规建设的文化支撑

一、企业合规文化的内涵

国家市场监督管理总局、国家标准化管理委员会印发的《合规管理体系 要求及使用指南》中，将合规文化定义为：贯穿整个组织的价值观、道德规范、信仰和行为，并与组织结构和控制系统相互作用，产生有利于合规的行为规范。这里将合规文化解释为由整个企业一致践行的思想信念，合规文化的形成会对企业自身产生良性的反作用，有利于新的合规行为准则的产生。关于企业合规文化的具体内涵，可以将其理解为企业文化的一个方面，也可以将其理解为企业合规建设的一个部分。合规文化的培育相对于企业合规建设来说，是一个既包括后者又被后者涵盖其中的概念。

企业文化包含了企业的经营理念、价值观念、社会形象、制度设计、行为规范、传统习惯、群体意识等方方面面，一般认为企业文化是一个企业的精神与灵魂，是推进企业发展的内在不竭动力。合规文化在一个企业中的培养过程，必然是一个与该企业原本存在的企业文化相互融合、相互作用的过程。

文化作为一定群体的精神及意识的结晶，本身具有自我创造、自我发展、自我传承的内在生命力，合规文化也继承了文化固有的特性，其作为合规制度体系在思想、理念、思维、意识等层面的精神结晶，在企业合规建设过程中，在推进与保障合规落地的同时，并非只能依附于合规建设本身的发展进程，而是会在与企业自身文化的融合中、在员工合规意识向外辐射的过程中、在与外部社会环境及社会观念的发展作用下，不断自发性地进一步演化。

因此可以说，合规文化的培养是企业合规建设过程中非常重要也非常特殊的一个环节。

二、企业合规文化培育的意义与价值

要深入理解合规文化发展的意义与价值，离不开对合规本身发生发展历程的回顾。合规起源于美国，最早是企业出于创造经济效益的需要，对自身经营活动加强合法合规的监督。随着部分企业进一步规模化发展，政府开始对企业提出反垄断的合规要求并加强监管，随后又逐步扩展到反腐败、反商业贿赂等领域，使得企业越来越明确在企业内部建设合规制度体系的必要性及重要意义。从这一过程来看，企业对于合规的认识从被动应对经营风险，到服从政府主管部门监管要求，直至发展为主动要求制定合规制度体系来优化企业治理。从被动合规到主动合规，从“要我合规”到“我要合规”，企业认知的变化也反映了合规文化的演变发展。

《中央企业合规管理办法》将合规文化视为企业合规管理的保障，是企业合规经营的思想基础。合规文化的培养，有利于企业合规体系的建立，也有利于企业合规体系的顺利运转。对于企业合规建设来说，如果能形成全员重视的思想意识，形成企业特色的合规文化，那么必然将为合规体系的建设和运转打下良好坚实的思想基础。在合规文化对企业员工的影响及作用下，在很大程度上可以避免企业制订的合规计划仅为一纸空文或者难以真正执行运转的情况，确保企业合规机制的有效性和生命力。在这一条件下，必然对于优化企业管理、防范合规风险、保障企业可持续发展等方面有着良好的促进作用。

随着合规理念的进一步深入，在受到行政监管部门或刑事检察机关的审查时，若企业具备良好的合规文化，可能会比一般企业更容易被主管部门认为具有更好的企业形象，更优的合规管理体系，对免责事由的陈述更具说服力，能在一定程度上享有更多的激励与优惠，并可以转化为更多的实质性利益。

三、培育发展企业合规文化的途径

1. 企业合规文化的外部推动

文化的本质是人的实践活动在意识层面的反映，某一类型文化的形成发展是一个缓慢、长期、与反映该类型文化的人类实践活动密切关联并相互作用的过程。

谈及企业合规文化的培育途径，从外部促进这一层面上来说，外部环境、政策、局势等的变化均可能对文化的发展产生推动作用，如国家政策的倡导、国际条约的要求、法律法规的制定、市场主体意识提高带来的影响等。从宏观政策上来说，“十四五规划”明确提出企业应当加强合规管理体系建设，突出了企业合规经营以及进行境外风险管控的重要性。从合规管理相关立法活动来看，国务院国有资产监督管理委员会、国家发展和改革委员会、中国银行保险监督管理委员会、中国证券监督管理委员会、国务院反垄断委员会、国家市场监督管理总局等部委部门均推出过风控合规方面的指导性文件。从中央到地方、从大型央企到民营企业、从政策要求到企业自发组织，合规对于企业生存发展至关重要这一认知逐渐地在社会中形成一种普遍意识。

随着经济全球化的发展，国际贸易活动更加频繁，很多在域外进行商业活动的企业因反垄断、出口管制、反腐败等不合规事项遭到了当地执法部门的处罚。暴露出国内很多企业对合规风险缺乏认识，对完善合规管理体系缺乏关注，对合规文化建设缺乏重视。如今，国内越来越多的企业开始重视合规管理体系建设，并逐步形成了各具特色的企业合规文化。

2. 企业合规文化的内部建设

文化所体现的是群体性的意识形态，一种文化的培育最需关注的也应当是人的因素，因此从企业内部的视角来看待合规文化的发展问题时，应当注重企业合规建设的过程中企业员工自主合规意识的养成。

（1）合规管理体系是合规文化形成的必要土壤

企业合规文化要想得到稳定的、持续的发展，必然离不开企业内部良好的合规管理制度体系的搭建与运行。企业构建一种行之有效的合规管理方式，并在日常经营过程中日复一日不断实践推行；在企业管理层中设立专门的合规部门，使得合规管理的方式与信念逐渐渗透到企业各个部门的具体管理工作中去，设立一种违规举报制度并确保其不会形同虚设，使企业将合规经营以及对员工个人遵循合规管理的要求，赋予带有强制性的内在压力，从而逐步演变为牢固的企业文化。

（2）融入合规意识是合规文化发展的核心动力

强有力的企业文化本身便具备强大的生命力，合规意识融入企业文化之中，才能够浸润到企业经营管理的各部门、各过程、各时段，并形成以包含了合规文化为特征的企业文化。只有发挥出文化所具有的强大凝聚力、感染力、渗透力，才能获得企业全体成员的主观认同、积极实践，形成企业全体成员共同的价值观念与行为准则，提高个人素质、激发个人创造力，并在实践中通过人的活动不断形成对合规管理、合规制度等新的经验与认知，从而使合规文化不断获得新的发展。合规文化的建设是一个没有终点的工作，只有融入企业文化建设形成的整体之中，才能不断传承发展，生生不息。

（3）合规培训是合规文化建设的重要方式

《中央企业合规管理办法》关于合规培训的内容具体体现于第三十条，即中央企业应当建立常态化合规培训机制，制定年度培训计划，将合规管理作为管理人员、重点岗位人员和新入职人员培训必修内容。

在指引中提出来的培育企业合规文化的具体途径包括向员工发放合规手册、要求员工签订合规承诺书，而具体目标包括强化全体员工的合规意识，树立依法合规的价值观念，筑牢企业合规经营的思想基础。在企业内部实现全员合规意识的养成，实现塑造良好的合规文化这一目标，通过向员工发放手册、要求员工签订承诺书这两种方式当然在一定程度上有积极意义，但从实践的效果上来看，这两种方式往往流于形式、员工无法深入理解、无法从思想上提高认识。

要真正在文化建设中重视发展人的因素，形成合规文化的群体意识，应当将合规培训作为重要手段，在企业内部建立起完善的员工培训机制，区分管理层及一般员工，针对不同类型的主体确立不同的培训目标，逐步使企业全体员工真正理解合规并培养员工主动遵循企业合规要求的自主性。

第二节　企业合规文化的培训机制

合规培训是企业合规文化建设最直接、最有效、最重要的方式，下文主要讨论对企业员工进行合规培训的方式途径、内容选择及价值意义。

一、合规培训机制的建立

企业需要建立制度化、常态化的合规培训机制，包括确定企业内部负责合规培训的组织架构，以及合规培训计划的制订以及培训任务的具体执行等全方位的工作。首先应当落实合规培训组织架构的工作，重点在于确定合规培训的牵头部门、实施部门、具体负责人员，以便由相关部门及其人员来制订并执行合规培训计划。

1. 领导层决策

为避免合规培训浮于表面、流于形式，首先应当由最高领导层作出正式的书面决策，这样才能体现企业最高决策层对于合规培训的重视，赋予合规培训事务在企业内部决策过程中的权威性，也有利于减少具体负责部门在推进培训工作时的阻力，提高培训计划执行的效率。

2. 管理层执行

合规培训具体事宜应当由企业的合规管理部门会同人力资源管理部门联合搭建工作班子，共同负责执行。企业合规管理部门全面负责企业合规管理工作，制定合规管理制度并推动贯彻落实，同时与企业纪律监督、审计、内控、风险管理、安全生产等其他相关部门在合规事务上均有联络及衔接，能够第一手掌握内外政策法规变化、国际规约发展、主管部门监管态度、企业合规管理现状及合规风险等现实问题，因此应当由企业合规管理部门组织制订培训计划并开展合规培训具体事宜。

3. 面向全体员工

企业合规培训面向的主体是企业全体员工，而人力资源管理部门的具体职能便是负责企业员工的招聘、考评、用工管理、内部调配、工作培训等，合规培训从性质上属于员工培训的内容，本身属于人力资源部门的职能范围。因此，人力资源部门作为合规培训的组织牵头部门之一，具有不可替代的优越性。

二、合规培训计划的制订

1. 区分不同情况，“量体裁衣”

针对不同的对象或者为达成不同的培训目标等，都可能影响合规培训组织开展的形式，因此在制订合规培训计划时应当区别不同的情况，制订出符合客观要求、便于操作执行、能够有效实现培训目标的培训计划。

2. 合规培训计划的分类

按照培训的不同，可以将合规培训分为员工入职培训、员工定期常态培训以及针对重点热点问题的专项合规培训。员工入职培训可以直接由人力资源部门组织落实，以发放员工手册、对企业合规文化进行基本介绍的形式简单有效进行。员工定期常态培训可以由合规管理部门预先规划好时间及培训内容，由人力资源部门负责具体组织落实，逐步成熟完善后，形成一种常态化的有效制度。专项合规培训可能着眼于外部政策的变化、时事热点事件的发生、企业发展运营的实际需要等情况，具有临时性以及重要性的特征，需要合规培训负责部门结合具体情况及实际需要妥善组织推行。

按照培训对象的不同，可以将合规培训分为针对企业领导层董事及高级管理人员的合规培训、针对承担特定职责的员工的合规培训以及对普通员工进行的合规培训。对于企业领导层及高级管理人员，应该从提升合规意识、准确认识合规经营的重要意义等角度，开展相关内容的学习培训，并且企业领导层及高管人员应当带头学习合规文化，在企业内部树立模范表率作用。对于一些特定岗位的员工，特别是一些从事工作内容可能与合规事项有直接关联或其从事工作内容较容易触及合规风险的，应当对该类员工进行有针对性的专题合规培训，形成合规培训档案由企业留存。

按照具体培训方式的不同，可以将合规培训区分为正式与非正式合规培训。正式的合规培训可能采用向员工进行授课的形式或组织合规讲座、员工学习大会的形式；非正式的合规培训可以采用向员工发放合规手册，在企业平台上分享合规方面的文章由员工自行查阅学习，或不定期进行抽检、测验，不定期组织合规知识竞赛等灵活的学习培训形式。

三、合规培训计划的内容

企业合规培训计划的具体内容应当包括培训类型、培训对象、培训时间、开展的具体形式、组织负责人员、开展完成后的档案留存及培训效果回顾考评环节等。在起草培训计划时，应当先行对企业相关的实际情况作出充分考量，如人员规模、组织架构模式、其他类型培训的执行情况、合规处罚情况、行业监管现状、政策法律要求等，从而对于企业合规计划中应当列入的培训类型、培训强度、培训目标、培训效果、执行落地难易程度等指标有一个客观务实的预判。

四、培训目标以及价值意义

企业上到领导层下到新入职普通员工广泛而持续地开展合规培训，根本目标在于形成、提高、深化员工对合规管理的思想意识，使得合规行为成为员工积极主动的自我要求，从而使合规能够凝结成为企业全体成员趋同一致的价值认知，并逐步形成新的企业文化。在这一过程中，越来越多的企业员工能够掌握合规管理所必需的技能和知识，越来越多的企业员工行为能够与企业制定的合规管理行为要求相匹配，企业也能够形成具有生命力、感染力并不断传承的合规价值观。因此，合规培训的积极展开，还能够有利于高素质合规管理团队的建设，有利于高质量、全流程、全方位合规管理机制的良好运行，有助于企业树立积极正面的合规形象、帮助优化外部经营环境。

第三节　企业员工的行为规范与举报制度

在企业合规的语境下，“员工”一词的范围应当作最广泛的理解，即包括董事、经理等管理人员在内的所有与企业有关系的人员，从另一角度来说，此类人员应当对自己的合规意识要求更高，更应当以身作则。合规管理规范的受众规模需要尽可能地扩大，无论什么地位、水平、专业的人员都需要将合规理念深入心底。

一、企业合规建设与员工行为规范

（一）企业合规的本质是“员工行为的合规”

探讨企业合规，关注的重点就在于企业及其员工的经营管理行为是否符合法律法规、监管规定、行业准则和企业章程、规章制度以及国际条约、规则等要求。一旦企业及其员工存在不合规行为，就存在引发法律责任、受到相关处罚、造成经济或声誉损失以及其他负面影响的可能，从而引发合规风险。而谈及合规管理，就是以有效防控合规风险为目的，以企业和员工经营管理行为为对象，开展包括制度制定、风险识别、合规审查、风险应对、责任追究、考核评价、合规培训等有组织、有计划的管理活动。

企业合规指向的对象是企业及其员工职务行为的合规，而企业作为一种组织，必须通过企业员工（包括管理层和基层员工）等自然人来执行企业意志，因此企业及其员工经营管理行为的合规，归根结底均落实在员工经营管理行为的合规。“九层之台，起于累土。”因此，企业合规从本质意义上来说其实是“员工行为的合规”。

员工的经营管理行为涉及企业设立、经营、发展和退出的方方面面，贯穿企业存续的时间和空间，是企业经营管理、完成企业意志的构成基础，同时也符合以人为本的现代社会理念。假如企业及其员工的职务行为能够既符合外部法律法规，也符合内部规章制度，那么虽然该企业在存续期间仍可能会面临其他市场风险、经营风险、政策风险、战略风险等各种风险，但至少不会因员工不合规行为引发合规风险，减少承担法律责任、受到相关处罚或其他负面影响的可能性。所以，建立合规管理体系、采取一系列合规管理措施使得员工的行为“规范化”的必要性不言而喻。

企业合规是否就是要对企业员工发生的每一项职务行为进行严格合规管理和控制，又或者说，企业及员工发生的全部经营管理行为是否需要逐一进行合规审查并制定对应的合规管理措施？

在理论层面，这当然是可行的。首先，我们需要识别哪些是员工的职务行为，哪些与经营管理无关。对于与企业经营管理行为无关、与员工职务内容和职责无关、仅仅系员工个人行为的部分应该予以排除。其次，依据内外部法律法规、规章制度等，对穷尽式列举出的经营管理行为逐一进行合规性审查，总结出行为合规的路径或行为不合规的表现，并得出是否符合规定的结论。再次，针对具体经营管理行为，制定对应的风险监测、风险应对、奖惩考核、责任追究等合规管理措施。最后，由于法律规范和员工经营管理行为本身都并非一成不变的，需要在合规管理的过程中不断更新持续改进。

但从实际操作层面来讲，由于内外部法律规范往往是繁杂、发展而变化的，具体经营管理行为又往往呈现出频繁、琐碎、连续性等特征，且合规审查和风险判断是由个人或部门主导，也具有一定的主观性和差异性，因此往往逐一对员工的经营管理行为进行合规审查并制定对应管理措施的难度较大，也必将付出较高的经济和人力成本。

而仅从管理成本角度出发，某些经营管理行为可能极少或几乎不发生，又或者某些经营管理行为虽然每天都发生，但是因其不合规而引发的后果影响完全可以忽略不计，那么针对该经营管理行为逐一进行合规审查并制定合规管理措施不仅会降低工作效率，还会大大增加企业管理支出。既缺乏合规管理的必要性，也不利于企业成本控制，最终必然会影响企业的实质利益和经济发展。因此，确保员工行为合规固然重要，但也并非提倡对员工行为本身逐一进行事无巨细的风险审查和管理规制。企业合规建设中员工行为规范如何制定和推行就大有深入讨论的必要。关于如何制定合规管理制度，本书设有专门的章节进行讨论和指导，而制定员工行为规范本身作为合规管理制度建设的一部分，有关内容本节不再赘述。如何引导和保障员工遵守行为规范，将是本节要讨论的重点。

下文将从培育合规意识、落实制度流程、结合奖惩考核、完善监察机制四个方面出发，来探讨企业合规建设与员工行为规范的具体问题。

（二）培育合规意识，引导员工行为选择规范

培育合规意识，就是要树立和提升企业全体员工的合规意识和行为自觉，树立依法合规、守法诚信的价值观，形成“人人合规、时时合规、事事合规”的理念，从“要我合规”向“我要合规”转变，使得合规成为企业广大员工“内化于心、外化于行”的自觉行动。

合规意识的培育对员工行为能否合乎规范有着重要的引导作用，对企业合规管理建设和企业合规文化的塑造和沉淀也有着至关重要的作用，而如何培育合规意识也是进行企业合规文化建设和合规管理基础建设的重要课题之一。

1. 理解企业培育合规意识的制度价值和意义

正确看待意识的作用，深刻理解物质和意识、意识和行为之间的辩证统一关系，可以防止落入形而上学唯物主义或唯心主义的陷阱。在遵循一切从实际出发、实事求是的同时，也要发挥人的主观能动性，树立正确的意识观来促进事物的发展。将物质和意识的方法论应用到企业合规管理建设方面就可以自然而然地得出结论，合规意识毫无疑问能够润物细无声地对员工的行为活动产生重要的影响。

企业如果能够建设和推行合规文化，帮助员工树立和培育良好的合规意识，营造依规办事、按章操作的良好合规氛围，那么员工在作出经营管理行为时就会自发性地进行合规性“审核”，判断自身即将做出的行为是否符合外部法律规定和内部规章制度。对企业非合规专业人员来说，这种自发性审核也许缺乏一定的专业性和准确性，更多的是依靠自身的认识和经验，但确实能够在很大程度上避免主观层面上明知不合规而故意或放任为之的情况。

反之，如果一个员工的经营管理行为总是与制度规范相冲突，总是绕开现有流程走捷径，那么无论他的行为是否已经对企业造成了负面影响，从风险防控的角度出发，企业管理者都应该有所警惕，主动分析员工的合规意识是否存在问题，是否系由于员工缺乏合规意识而将他的行为引向歧途。与此同时，企业管理者更需要进一步去挖掘其中的深层次原因，思考企业在员工合规意识的培育方面是否存在短板和不足。

2. 如何培育合规意识

合规意识的培育是合规基础建设和文化建设的重要组成部分。企业具有良好的合规意识既是企业合规文化浓厚的表现，又能够促使企业合规文化不断发展和进步。企业合规文化的进一步提炼和升华，也会帮助企业员工培育和养成更加深刻和强烈的合规意识。培育合规意识，应从以下四个方面重点着手。

(1) 自上而下，管理层合规先行

合规全球化发展以来，无论是欧美全球性企业推行的合规体系，还是国内开启大合规时代后国有企业、民营企业、境外企业等企业开展的合规制度建设，都十分强调以企业管理层为重点，自上而下推行合规。

以西门子公司为例，西门子公司在应对商业贿赂危机时即对管理团队作出大幅调整，约 200 名高级经理被开除，100 多名高层人员被要求限期交代情况。在合规体系的运行下，确保管理层每两年一次作出遵守商业行为准则的书面保证及合规承诺，并严格追究管理层的违规责任。西门子公司对管理层的严格要求向全球员工表明，西门子不开展任何不合规的业务，也没有任何人的不合规行为可以免责，包括所谓的站在西门子金字塔顶尖的管理人员。①

在国内，中国石油天然气集团有限公司作为最早开始推行合规管理的五家央企试点之一，管理层带头签署遵守诚信合规手册《承诺书》，同时提出理念口号“管业务必须管合规”。董事会、监事会、企业管理层、法律事务部、各职能部门以及集团下级单位都要明确自身的合规职责，自上而下地推行合规。

为什么建议企业应该自上而下推行合规？其实很好理解，合规管理在帮助企业获得长期持续发展利益的同时，在现阶段却可能“加重”每一名员工的审慎义务和行为注意义务。有些不合规的“按钮”不能选了，有些不合规的“捷径”不允许走了，员工从其自身的眼前利益考虑自然会有抵触心理。在这种情况下，如果管理层不能以身作则，成为合规的榜样，接受所有人的监督，起到先进带头作用，那么基层员工有样学样，会理所当然地认为合规只是表面功夫、喊口号罢了，当然不会理解合规管理的价值和意义，更不会去自发重视合规意识的培育。

所以说，培育合规意识，必须自上而下，管理层先行，加强对管理人员的合规管理，促进管理人员切实提高合规意识，带头依法依规开展经营管理活动，认真履行承担的合规管理职责，强化考核与监督问责等。

（2）表里如一，全体员工提高认识

培育合规意识，必须提升企业全体人员对于合规管理的认识。只有

---

① 陈瑞华：《西门子的合规体系》，载《中国律师》2019 年第 6 期。

让员工明白“什么是合规管理”“为什么要合规管理”“合规管理要怎么做”，在了解并且认可合规管理价值的基础上，员工才可能自发性地规范行为，合规才可能成为一种行为模式、价值认同和企业文化。

加深员工关于合规管理的认知。合规管理不仅可以防范和控制风险，还可以降本增效、创造价值，贴合企业经营实际和工作流程的合规体系不但不会增加员工工作量，甚至可以在减负的同时创造价值、降低风险。在企业发生经营发展困难或其他风险事件时，合规管理不仅可以减轻、免除企业自身责任，还可以确保企业管理层和员工安全履职。

也就是说，必须让员工了解到合规管理对于企业与个人的价值，员工才可能自内而外地培育出一种积极的“合规认同感”。当在员工的内心里培育出这样一种“合规认同感”，合规行为将成为员工内在合规意识的自觉性外化表现。

（3）自内向外，积极推广合规意识

随着全球化、市场化的迅速发展，现代行业分工更加精细、专业，企业逐渐成为产业、行业内的某个细胞单元，不可能脱离或永久脱离上下游企业“独善其身”，与企业存在业务或潜在业务、工作往来的供应商、客户、投资伙伴及其他商业伙伴对于合规的理解和执行，对企业的持续健康发展有着不可替代的重要作用。

实践中，国内外知名企业在进行合规体系建设时都十分注重对其商业合作伙伴的合规管理。例如，同样作为央企合规五家试点之一的招商局集团，就在其集团合规手册中设立专门章节对商业伙伴的合规义务作出明确规定。集团要求选择商业伙伴应遵循合法、诚信、择优和共赢的基本原则，通过合规检查和合规培训等方式，帮助商业伙伴理解合规理念和合规管理要求，督促商业伙伴遵守相关合规义务，鼓励与商业伙伴互相交流合规管理经验，共同提高合规管理水平。[①]

在合规的大环境下，企业在经营发展中尽可能选择合规管理体系较为完善的企业作为商业合作伙伴，同时对商业合作伙伴提出一定的合规要求，是防范自身合规风险、创造外部合规环境的重要措施，也是企业自内向外积极推广合规意识、拓展合规文化、完善合规建设的重要方面。企业自内而外形成合规共同体，也有利于提升企业员工的安全感、信任感和合规认同感，增强合规意识，从而激发员工行为规范化的自觉性和合规积极性。

（4）由近及远，重视长期建设

合规管理建设并非一朝一夕的举措，意识的养成也从来不是一蹴而就的，关于合规意识的培育也是如此，需要长期的培育、灌溉和滋养。必须重视长期建设，将合规意识的宣贯、培育和提升融入企业日常经营中，融入企业合规管理的“骨骼”和“血肉”中。

重视长期建设，应该要倡导合规理念，鼓励员工要有长远的价值观，不要因为眼前利益而牺牲长期发展；加大合规投入，重视法律合规团队建设，对重点岗位、重点人群重点培养；加强合规培训，结合合规宣讲、法律教育、合规谈话等措施，使员工充分理解企业的规章制度和流程；从企业实际出发，利用多种方式和途径培育和养成合规意识等。

（三）落实制度流程，保障员工行为符合规范

在合规管理体系建设中，制定一套完善的企业合规管理制度和流程是企业合规管理的核心内容。合规管理的“规”字，既涵盖了法律法规、监管规定、行业准则、国际条约和规则等外部规定，也包括了企业

---

① 《招商局集团合规手册》，载招商局集团网站，https：//www.cmhk.com/main/a/2020/b04/a39654_ 40714.shtml，2022 年 8 月 8 日访问。

的章程、行为准则、规章制度、专项指引等内部规定，合规管理制度在某种程度上可以说是企业内部的“立法”，合规管理如果脱离了对合规管理制度和流程的完善和落实，那么员工行为的合规性将无从谈起、无法保障。

1. 目前企业合规管理制度建设中的常见问题

近年来，在国家监管政策的推行和指导下，国有企业尤其是中央企业以及外资企业等已经开始了关于企业合规管理体系的探索和建设，并形成了较为完善的合规管理制度和流程。然而在推行合规管理建设的进程中，也不乏个别企业为了“迎合”合规趋势，“雷声大雨点小”，仅制定了“书面化”的合规管理制度，但在实际生产经营管理中，相关的合规管理制度并没有结合具体流程得到落实和执行，员工行为的合规性在根本上得不到制度层面的真正保障。

上述情况正是由于企业制定的合规管理制度流程停留在“纸质层面”导致的，企业并未将合规管理制度流程充分运作起来，企业合规形式大于实质，导致合规效果难以实现。

如果说企业制定和完善的合规管理制度是一台庞大的机械设备，那么落实和执行合规管理制度流程，便是让这台“冰冷的”机器运转起来的过程，只有企业的合规管理制度流程真正得到落实，合规管理制度才能完成从“纸质层面”向“实操层面”的转变。

因此，企业的合规管理制度流程能否得到根本上的贯彻执行，直接影响企业员工行为的规范化保障，关系企业能否真正有效防范合规风险、实现可持续发展，这也是我们需要重点关注的课题之一。

2. 如何落实合规管理制度流程

落实企业合规管理制度流程从实务角度主要可以分为三个方面：制定、宣贯、执行。企业要针对经营管理实际情况制定出一套“人人能看懂、人人可落实”的制度流程，注重制度流程的公示和宣贯，同时应严格贯彻执行相关制度流程，避免脱离实际难以实现，从制度流程层面真正保障上至企业领导层下至每一位基层员工的日常经营管理行为都有所依据、有所管制。

（1）合规管理制度流程的制定

由于不同企业的企业性质不同、所属行业不同、经营范围不同、业务类型不同等，在制度流程的制定上，需“因企制宜”，制定切合自身实际的制度流程。在此就制度流程制定的注意要点作如下提示：

合规管理制度流程应针对企业生产经营和业务开展来制定，要符合企业实际的经营发展需求且具备可操作性，同时要响应国家政策、法律法规、行业规范等监管要求，分析监管动态，通过制定详尽的内部管理制度和流程来最大限度降低合规风险等。

制度流程的制定应根据不同的风险层级详略得当，兼顾经营效率与风险控制。企业制定合规管理制度流程首先要明确制度是服务于企业经营的，制度流程是为企业的经营管理保驾护航而不是给经营管理上枷锁，企业需根据自身经营管理识别出的风险点及风险系数区分管理业务流程，对于风险发生概率小、风险发生后果轻微的业务领域可将业务流程化繁为简，对于风险发生概率高、风险发生后果严重的业务领域应将业务流程管理制定详细，要求分环节、多岗位、内外部共同参与管理、审核、复核、决策。

（2）合规管理制度流程的宣贯

合规管理制度流程需经过民主程序，并向企业全体员工公示、告知到位。这不仅是企业依法制定规章制度需完成的前置性程序，也是企业对制定好的管理制度流程进行宣贯的重要方式。通过民主、公示程序在企业内部制定规范流程，定岗定责，让每位员工了解自己的岗位职责，了解自身应遵守哪些制度规范和日常流程，如未按企业规定的合规管理制度和流程履职会面临哪些风险、要承担哪些责任等。只有让企业员工清楚合规的“规”是什么，才能进行下一步的落实执行。

同时企业合规管理制度流程的宣贯还应体现在企业入职培训、日常培训、合规宣传、人员对接、部门交流等诸多工作场景之中，使全体员工能够在潜移默化中对企业内部规章制度熟记于心，始终按照规章制度和流程办事，树立和增强合规意识，最终也加入合规管理的宣贯队伍中。合规管理并非企业某一个合规人员的职责，每个员工都是企业宣传和执行合规工作的一分子。

（3）合规管理制度流程的执行

制度的生命在于执行。在完成合规管理制度流程的制定后，企业要重视贯彻执行相关制度流程，定期洽谈相关人员，了解企业各部门是否严格按照企业合规管理制度执行，要避免制度流程沦为“一纸空文”，要让管理制度从纸面条款落实到实际经营管理的操作流程当中去。

为了保障合规管理制度流程的贯彻与执行，企业可以制定合规联席会议机制。联席会议日常工作由合规管理部门承担。联席会议由合规管理负责人召集和主持，由合规、风险、内控、财务、人力资源、内部审计、纪检监察相关人员参与，通过定期会议指导协调合规管理工作，研究解决合规管理中存在的需要多部门共同参与处理的复合型、交叉型合规问题。

企业可以建立强制合规咨询机制，甄别涉及重大合规风险领域的业务部门，制定需要强制合规咨询的事项清单，强制要求及时将有关业务提交合规管理部门以及外聘专业机构进行事前咨询，并将强制合规咨询融入前期研究商讨环节，作为事项决策的前置程序。

企业还可以针对合规管理制度建立处理和改进机制，定期或不定期地对规章制度和操作流程进行更新和改进，并根据合规管理制度流程执行过程中发现和反馈的问题，对现有流程和制度进行有的放矢地调整和优化，同时加强对重点领域和重点岗位的控制和监督，不断增强合规管理制度流程的科学性和有效性。

合规管理体系是一个无限循环的过程，要在不断的合规化过程中，优化企业的合规管理。合规管理制度流程的落实也是一个长期持续完善改进的过程，只有从实际出发，实事求是地贯彻落实每一项有效的措施，才能促进合规管理制度、管理流程与企业员工、企业发展共生长，才能保障员工行为符合规范，才能完成合规管理体系的基础构建，才能生成深刻的企业合规文化。

（四）结合奖惩考核，激励员工行为走向规范

前文提到了通过培育员工的合规意识、制定符合企业经营管埋实际的合规管理制度流程等方面来引导和保障员工的经营管理行为符合规范要求。在此基础之上，为了实现员工的主动合规和持续化合规，企业应该建立某种合规绩效考评奖惩机制，将合规考评与升职加薪挂钩，与问责处罚挂钩。

不同的合规考评结论影响着对员工月度、季度、年度工作的评价认可，那么既能够对行为符合规范的员工进行物质上和精神上的嘉奖，也可以在员工合规性考评不尽如人意时对其敲响警钟，告知其行为不合规可能引发的后果及需承担的责任，让员工意识到自己的不合规行为将与最终可能承担的风险挂钩，从利益驱动的角度来消除员工行为不合规的动机。较为典型的考评方式有定期考试、检查、汇报、抽验、年终考核等。

这样的合规绩效考评奖惩机制可以使得企业员工在作出经营管理行

为的时候就可以预见，符合规范的行为会有奖励和激励，不符合规范的行为可能会面临处罚和追责，从而促使员工在日常工作中能够符合该行为所对应的合规性要求，从而激励员工行为主动、持续地走向规范。

1. 通过考核奖励模式，激励员工行为自觉合规

企业可以将员工行为合规作为年度考核标准之一，根据员工所在不同业务部门、不同职位级别、考评分数等要素设置差异化的奖励，直观地激励员工行为走向合规。企业在对员工行为设置考核体系时，首先应将各岗位、各职级员工行为合规要求、考核模式、考评分数设置等具体制度制作成《员工具体行为准则》，以此作为客观标准向全体员工公示，同时保证考评体系公开透明。

对于考核指标的设置应具有合理性。企业需根据自身业务性质、各个部门工作中面临合规风险的频次及风险系数，设置合理的考核指标。同时，也要注重各部门人数及工作量的分配，对于不同岗位、不同层级要求分级考核，进行差异化的管理。

对于奖励措施的设置应具有激励性，企业应根据不同岗位员工所关注的因素做差异化设置，员工更为关注的多为职位晋升、薪酬、物质奖励等，如果绩效考核对员工激励方面失去了应有的作用，也会影响到员工行为合规的积极性，进而影响企业合规管理体系的建设。企业应对在合规管理体系建设中作出重要成绩、有效防范重大合规风险或对挽回重大损失作出突出贡献的集体或个人予以表彰和奖励，加强员工的关注度和宣传度，强化激励作用，调动全体员工行为合规的积极性。

2. 通过追责惩戒模式，约束员工行为必须合规

企业在制定的《员工具体行为准则》中应明确各岗位、各职级员工因行为不合规所引发的企业财产损失、商誉损失等应承担何种责任、应在多大范围内承担责任。这也是企业在日后发生纠纷、发生不可控的风

险时切割企业责任与员工责任的重要方式，企业应予以特别重视。

例如，《民法典》第 1191 条第 1 款规定："用人单位的工作人员因执行工作任务造成他人损害的，由用人单位承担侵权责任。用人单位承担侵权责任后，可以向有故意或者重大过失的工作人员追偿。"在实践中，用人单位对外承担责任后是否享有对员工的追偿权往往是案件中的一大争议焦点，换言之，用人单位能否证明员工具有"故意或者重大过失"是用人单位是否享有追偿权的关键点。

根据实务中的案例，此时企业如果能够拿出制定详尽的《员工行为准则》（或员工行为指引类文件）并经过民主公示程序，法官往往会更容易认为员工具有故意或重大过失行为，企业也可以因此减轻或免除自身的损失。企业在民事责任承担中是如此，在刑事、行政责任中亦是如此。

所有的制度均需要有对应的后果，制度的实行才会促使员工有紧张感、严肃感，企业应严格落实对于员工行为发生不合规时的惩戒制度，一旦发现不合规行为，必须严肃对待、认真处理，警示员工行为"红线"，避免乃至杜绝员工行为不合规。对于落实合规管理工作不力，忽视重大合规风险或违规经营造成重大损失的，要严肃问责，应按照有关规定追究相关领导及直接责任人员责任。

（五）完善监察机制，查纠员工行为脱离规范

必须科学有效地确立合规风险控制的三道防线。其中，业务部门是防范合规风险的第一道防线，应承担首要合规责任；合规管理部门是防范合规风险的第二道防线，也是合规管理体系建设的责任单位；内部审计和纪检监察部门是防范合规风险的第三道防线，负责合规审计和监督企业整体风险防控。

很多企业对合规管理的理解不够，思想还局限在认为合规就是合规管理部门的事情，降低了对第一道防线业务部门提出高合规性的要求，更忽略了对建立和完善合规监察机制的关注和重视。建立和完善包括举报和违规问责制度等在内的合规监察机制作为合规管理的最后一道防线，既是合规管理基础建设和文化建设的重要组成部分，也是促使企业业务和合规管理部门遵守和执行合规管理体系的有力保障，更是发现问题、解决问题、对企业员工脱离规范的行为进行查处和纠正的最后一道屏障。

下文将结合实务操作列举合规监察机制的经验总结，来探讨如何帮助企业建立一套完善有效的合规监察机制。

1. 明确合规监察职责

企业特别是大中型企业可能存在多个参与企业内部监督管理的部门，包括合规、法务、内控、监察、审计等在内，多个部门之间的职责有所侧重也有所交叉，如果统筹分工不力，将会导致部门之间出现扯皮、推卸责任的情况，不仅工作效率降低，还会造成管理资源的浪费。

企业建立合规监察机制，必须明确承担合规监察权责的具体职能部门或人员，定岗定责，在保证合规监察履职的独立性和公正性的同时，推动监察与合规、审计、内控等工作的衔接和配合，形成管理合力，确保企业合规体系能够高效运行。

为了更好地体现第三道防线的屏障作用，建议承担监察（或审计）职责的部门或人员与合规管理部门或人员相区分，因为合规管理部门作为合规管理的第二道防线，其本身也应该包含在监察的对象之中。此外，与国有企业和民营企业不同的是，外企的合规部门一般具有监察职能。

2. 合规检查必须动态化

企业必须根据实际情况建立配套的合规检查整改机制，使得合规检查工作常态化。企业的合规、法务、内控、监察、审计等部门可以通力协作，对企业的制度制定和重大事项决策、重要合同签订、重大项目运营、大额采购销售、大额资金管理等经营管理行为进行定期或不定期的合规检查，对不合规事项出具整改建议。

针对合规检查中发现的不合规行为、脱离规范的部门或人员应当按照整改建议制订切实有效的整改方案，积极开展整改工作，并在规定的整改期限内完成整改。发现问题、反馈问题、解决问题，并提出合规管理优化建议，形成合规管理的闭环。

3. 建立合规举报和调查机制

企业应该建立畅通高效的合规举报和调查机制。在确立合规调查基本方式和程序的基础上，运用灵活有效的合规调查方法，针对个案举报事宜制订相应的合规调查方案，组成独立客观的调查团队，必要时可以聘请第三方专业机构作为外部支持，完成事实调查，出具调查结论。

合规举报机制能够帮助企业及时发现和识别员工行为脱离规范，对合规基础建设和文化建设具有重要意义，本章另有专门的篇幅进行详细探讨，此处不再展开。

4. 落实违规问责机制

没有规矩，不成方圆。企业应该落实违规问责机制，对脱离规范的员工行为进行查处，对违规人员一视同仁地处罚追责，才能够形成对全体员工行为的无形约束和震慑，体现合规监察机制的作用和价值。

为了落实违规问责机制，企业应该建立和完善违规行为的处罚制度，明晰违规责任的范围，细化惩处标准，经调查核实确有违规行为的，根据企业违规处罚办法进行相应处理，涉及违法犯罪的，要及时移交行政或司法机关处理。

二、企业合规与举报制度

（一）合规举报制度的价值

电影《吹哨人》讲述了员工马珂意外发现企业正在推广销售的新型技术背后存在着巨大安全隐患，为发现真相而展开调查的精彩剧情，通过这个电影可以让大家对“吹哨人”有一个最直观的认识。“吹哨人”制度，又称内部人举报，具体到企业合规领域，即为合规举报制度。“吹哨人”制度的深层法理逻辑在于：以公平正义动机为前提，每一个人都有义务监督社会，并将任何不正当作为、虚假以及欺诈的行为报告相关部门；有利于社会大众维护正义的举报行为，就应得到法律保护。

关于企业合规层面的举报制度，目前我国尚无明确规定，《国务院关于加强和规范事中事后监管的指导意见》，第一次明确发挥社会监督作用时建立吹哨人制度，并旗帜鲜明地提出“建立‘吹哨人’、内部举报人等制度，对举报严重违法违规行为和重大风险隐患的有功人员予以重奖和严格保护”的指导意见，对企业合规管理建设提供法律制度供给的同时，对“吹哨人”制度寄予厚望。公司律师应当协助企业全面分析采购销售、生产运营、项目工程、投资并购、人力资源等各项经营管理活动的合规风险，建立健全风险识别、分析、预警、报告、咨询、审核、调查、处置、评价、改进等全流程工作机制，该意见虽未提及“合规举报”字眼，但系列工作机制的搭建必然需要合规举报制度作为支撑。

1. 与举报相关的其他规定

在切入正题之前，先简要介绍一下我国现行与举报相关的法律法规等规定。《宪法》第 41 条第 2 款明确规定了公民的检举权利，“对于公民的申诉、控告或者检举，有关国家机关必须查清事实，负责处理。任何人不得压制和打击报复”。

专门针对“举报”的规定多见于刑事方面，并且明确，举报既是权利也是义务。《刑事诉讼法》第110条第1款规定：“任何单位和个人发现有犯罪事实或者犯罪嫌疑人，有权利也有义务向公安机关、人民检察院或者人民法院报案或者举报”；另有《人民检察院举报工作规定》《关于保护、奖励职务犯罪举报人的若干规定》等。《最高人民法院关于处理自首和立功具体应用法律若干问题的解释》第5条规定：“……犯罪分子到案后有检举、揭发他人犯罪行为，包括……经查证属实……应当认定为有立功表现”；第7条规定：“……犯罪分子有检举、揭发他人重大犯罪行为，经查证属实……应当认定为有重大立功表现”，可以从轻或减轻处罚。

根据以上规定，可以清晰获知，对于纳入刑法规范保护的各项国家及个体权益，我国对于犯罪嫌疑人的检举、揭发持积极鼓励态度，并予以减免量刑的直接奖励。此举意义显然且易于理解，拓展发现犯罪行为的渠道，鼓励知情主体参与到打击犯罪、保护国家及个体合法权益的队伍中来，更好地维护刑法保护的各项权益。而对犯罪嫌疑人检举、揭发的鼓励，实质相当于内部人举报。

此外，针对行业或者特定领域，单行法亦对举报寄予了厚望。例如，《企业落实食品安全主体责任监督管理规定》规定，食品生产经营企业应当配备食品安全总监，食品安全总监负责督促落实包括投诉举报处理等食品安全方面责任要求的食品安全责任制度；《国家药监局综合司关于加强医疗器械生产经营分级监管工作的指导意见》则明确将投诉举报等情况作为动态调整监管级别的重要依据；《证券法》第176条对举报、奖励以及对举报人的保护均予以明确规定；《食品安全法》全文

154 条，有 6 条针对举报进行特别规定；《市场监管领域重大违法行为举报奖励暂行办法》对举报制度进行了浓墨重彩的规定。与《食品药品监管总局、财政部关于印发〈食品药品违法行为举报奖励办法〉的通知》相比，《市场监管领域重大违法行为举报奖励暂行办法》明确将实施违法行为人的“内部举报人”纳入奖励范围，奖励金额为罚没款的 1% 至 5% 且不低于固定数额下限，奖励金额上限也从之前的 50 万元提高到了 100 万元，同时对匿名举报以及兑现奖励的流程进行了详细规定，并且特别明确规定“违法主体内部人员举报的，在征得本级政府财政部门同意的情况下，适当提高前款规定的奖励标准”。《市场监管领域重大违法行为举报奖励暂行办法》明确指出，举报针对的重大违法行为是指“涉嫌犯罪或者依法被处以责令停产停业、责令关闭、吊销（撤销）许可证件、较大数额罚没款等行政处罚的违法行为”。该奖励规定的出台，对于打击市场监管领域的重大违法行为，显然是一剂猛药，亦可见主管部门用心之良苦。

2. 企业内部的举报制度

具体到合规举报①，其价值、意义与刑事举报、公民举报、市场监管领域举报的实质并没有区别，发现违法违规，通过对违法行为予以惩处并使之合法化，以实现国家、政府机构、市场主体的健康、良性发展。就举报制度的价值而言，其属于让可能存在的不合规“止于企业内部”的首要举措，也是唯一可以依赖的举措。因为，外部人由上及下、由外而内地核查发现企业存在问题的难度、成本，远远高于熟悉了解企业各环节流程的内部人。从该角度出发，合规举报的目的可以概括为，企业为实现将一切可能不合规行为发现并消灭于企业内部，避免外部负面评价而采取的制度措施。该措施属于自查自纠、避免启动危机应对机

① 围绕本书主题，此处的举报主要针对内部人举报，不涉及外部举报。

制的必要举措。

合规举报与前述举报存在明显不同。例如，合规举报发生在企业内部，合规举报的制度来源于企业自行制定，合规举报的奖惩体系依据企业各自情况设置实施，没有国家强制力保障。从另一个角度来说，正因为合规举报缺乏强制力约束，只有践行到位才能确保举报制度真正落地。让可能存在的不合规止于企业内部是举报制度之于企业合规体系构建的最核心要义。如果企业内部已经设置了有效可行的举报制度，如果每一个员工怀抱着对于企业忠诚热爱的心态，企业对于员工所举报或反映的问题不仅重视还会予以奖励的情形下，置企业于生产经营资格、资质被吊销等重大风险的外部举报行为可能会大幅度降低甚至可以避免。

（二）设计合规举报制度的基本要点

合规举报制度的基本要点有三个：良好的保密性以及便捷的举报通道、足够的激励与保护机制、及时有效透明的查处反馈机制，这也是前文述及的法律、法规关于举报机制的基本要点。

1. 良好的保密性以及便捷的举报通道

一些人“多一事不如少一事”的心态决定了举报制度的生存困境，即使很多企业设立了举报制度，其运行亦不尽如人意。因此，举报通道的保密性、隐私、保障、便捷性就成为合规举报制度最基本的物质、技术前提。

中国铁建股份有限公司在其官网公开发布投标合规管理实施细则、合规行为准则、采购合规管理实施细则等系列合规文件，其中《中国铁建股份有限公司合规行为准则》① 将举报人的范围扩展至业务合作伙伴，

① 《中国铁建股份有限公司合规行为准则》，载中铁建商务管理有限公司网站，http：//swgs. crcc. cn/art/2021/11/1/art_ 4721_ 3411061. html，2022 年 8 月 10 日访问。

同时明确规定，任何部门、员工或业务合作伙伴对所发现的任何违反或疑似违反合规政策的情况，无论是否重大，均可实名或匿名举报，并公开其接受举报的电话号码以及电子邮箱。

企业公开公布举报渠道本身，即向企业内部人员、合作伙伴以及企业外部不特定的第三方宣示其对合规经营的鲜明态度，首先塑造了一个合规企业的基本形象。当然，除上述举报渠道外，企业亦可聘请第三方接受举报，此举可以打消员工内心的顾虑，确保员工敢于举报。同时，也可以通过软硬件条件设置匿名举报模式，真正让员工可以在作出举报决定时切实免除其后顾之忧。

2. 足够的激励与保护机制

（1）关于足够的激励

《中央企业合规管理办法》以及如上海市、重庆市、江苏省、山东省、广东省国资委出台的省属企业、市属企业合规管理办法/指引，虽然均明确规定了“强化违规问责，完善违规行为处罚机制”以及“畅通举报渠道，针对反映的问题和线索，及时开展调查，严肃追究违规人员责任”的相关内容，但对举报人员的激励规定却涉及较少。即使再合理的举报制度，缺乏激励机制时也俨然失去了助力的羽翼。

中国铁建股份有限公司在其《中国铁建股份有限公司合规行为准则》中明确规定，举报不合规行为或积极提出合规建议，为本单位避免重大损失的员工，应给予奖励。

试想，在内部人举报情形下，如果缺失以足够的激励方式鼓励内部人先行向内部举报的自查自纠环节，企业就可能会直接面对外部重大违法行为处罚，其后果不言而喻。而从激励措施角度，同样的举报行为，若规定的举报奖励远高于内部举报，或者说内部举报的预期无法预测，内部人举报大概率的选择倾向也显然可以预见。从该角度考虑，足够的激励制度是合规举报制度的最重要组成内容，也是保障合规体系运行的最有力兜底措施。

（2）关于足够的保护

举报制度能否有效运行，足够的激励必然重要，但足够的保护才是企业员工没有顾虑愿意举报的根本前提。针对正当举报情形下足够的保护目标应当是，举报员工的合法权益无须因为其举报行为遭受任何外来的负面负担甚至合法权益被侵犯。即使现行制度或现实中难以完全实现该保护目标，企业亦须设置向着实现该目标努力的路径和方法，而不能置身事外。

而在《违反欧盟法报告人指令》（又称《欧盟吹哨人保护指令》）①中，针对为举报人提供的保护措施设专章细致规定。该指令第 6 章“保护措施”共 6 条规定。第 19 条规定对“吹哨人”及其相关人进行报复，包括进行报复的威胁和企图的定义，该条还规定了报复可能采取的形式；第 20 条规定支持措施，即“吹哨人”以及相关人可以获得的支持和帮助，包括经济方面、心理健康方面以及必要的法律援助方面的支持和帮助；第 21 条规定反对报复的措施，具体有多达 7 条的措施规定；第 22 条规定相关人员的保护措施；第 23 条规定惩罚措施，即规定对阻止和试图阻止“吹哨人”报告、报复“吹哨人”的人的惩罚措施；以及第 24 条规定不得对权利和补救措施进行放弃。其中，对内部举报人员的保护措施还包括：①身份保密的保护，在内部举报机制中，不仅举报人的身份信息不能透露，该举报人的近亲属的身份信息也不能透露；②免于报复的保护，由于针对举报人的报复措施种类多样，包括暂停工作、解雇、降职、调职、负面绩效评估、歧视、不利或不公平待遇等，企业应

① 欧盟议会和理事会于 2019 年 10 月 23 日通过，指令明确，“吹哨人”是指为公立或私人组织工作的人；或者就其工作所涉行为与这些组织联系的人；常常最先知晓产生于与此相关对公共利益产生威胁或损害的情形，并通过一定的渠道将相关信息进行报告和进行披露。

禁止任何形式的对举报人的报复；③负面保护措施，即对举报人施加报复措施的人或部门，在企业层面采取相应的惩罚措施。

虽然我国尚未出台针对"吹哨人"的专门规定，企业合规管理理念起步迟，但域外明确具体的规范亦可为企业提供方向指引以及路径探索的有益借鉴。

3. 及时、有效、透明的查处反馈机制

企业员工无论出于何种原因、何种动机发出举报信息，企业在接收到举报信息后，应及时与企业员工进行有效沟通，并确保其举报行为处于保密状态中。针对企业查处举报内容的进程以及查处结果，亦应当及时向举报人进行反馈，而对于事关企业生存发展、员工权益等被普遍关心的举报内容的查处情况时，则应当向企业员工进行公开反馈，否则会影响举报人对于举报不合规行为的积极性。当然，企业针对举报信息的查处反馈内容中需要将举报人信息去链接化，确保所公开的内容并不能与举报人信息产生任何关联。

《违反欧盟法报告人指令》针对举报反馈、联络、记录等的相关规定可资借鉴。该指令第 9 条、第 18 条规定包括：①举报反馈，即内部"吹哨"机制负责人员应在收到举报后的有限时间内向举报人发出接收通知，并在合理期限内给予举报人反馈，举报的侵害/违法行为越急迫，反馈也需要越及时；②联络，内部举报机制负责人员必须采取书面和/或口头的方式与举报人进行联系，且务必确保举报人身份的保密；③记录，对于举报或联络的信息，在履行保密义务的基础上，都应当予以记录，并由举报人审核记录。

如果确认举报人的举报内容存在恶意诽谤、不实情形，企业应更加谨慎、严肃处理，并及时对举报人的举报内容予以澄清，避免因不实举报产生其他不良影响。

（三）如何构建和完善合规举报体系

1. 合规体系之举报意识的构建：深刻理解是内化于心的基本前提

海恩法则是航空界关于飞行安全的法则。海恩法则指出，每一起严重事故的背后，必然有29次轻微事故和300起未遂先兆以及1000起事故隐患。该法则通过数据将量变到质变的严重后果予以清晰展示，也是“千里之堤，溃于蚁穴”的另一种展现。前述更加印证，无论技术、规章制度如何完美，更重要的应是参与其中的人员的责任心和隐患意识。

如何加强责任心、隐患意识，具体到合规，为使合规意识深入人心每天说三遍亦不为过。当然，合规意识的建立，显然不能仅凭口号以及挂在墙上的制度。

企业合规管理是企业的整体性事项，不能仅依赖某一个部门、某一个领导小组，可与法务管理、财务管理等专项事务相提并论。企业合规管理需要在合规管理体系架构中投入人力、物力、财力，需要配备软件、硬件，更需要在企业上下形成合规文化氛围，促使企业人员的合规意识从明确的规定、认知改变、签署合规承诺时以及制度流程、事务处理、企业上下各部门对于合规工作的一致态度等，潜移默化、由内而外地在企业员工心中扎根、发芽、茁壮成长。

2. 合规意识的促动：设定惩罚机制作为辅助手段

德国《违反秩序法》第130条规定，企业经营者负有在企业内部采取必要的监督措施，以防止出现企业遭受刑罚或罚款的违法行为的义务。如果因企业经营者故意或过失未能采取必要的监督措施，导致出现了通过监督本可避免的违法行为，则企业经营者的行为就是违法的。例如，德国联邦法院曾在判决中明确表示：当企业因违法行为应被科处罚款时，罚款的数额要考虑企业履行合规义务的程度，企业在多大程度上履行了防止企业内部出现违法行为的义务，以及在多大程度上建立了能够有效防止违法行为的合规管理体制，是确定企业罚款数额的重要考量因素。也就是说，在遭遇法律风险之前，如果企业积极主动地履行了相应的企业合规义务，构建了完备的企业合规体系，就可减轻或免除其之后承担的法律责任。①

“徒法不足以自行”，合规体系如此，举报制度更是如此。但惩罚机制显然不应当是为了惩罚而惩罚，其真正目的应为促使合规举报机制的健康运行。对于促进合规举报机制的健康运行，有效的惩罚机制应当更多针对职责管理部门、合规举报监督部门、查处反馈部门，而不应当将惩罚的对象着重于企业员工。对于不合规行为，人人都应当负有举报责任，举报既是权利也是义务。虽然现阶段可能更多属于应然状态，但对于负有管理、监督职责的部门以及明知存在不合规行为而不举报的责任主体应当设定明确的惩罚机制。

当然，针对恶意举报、不实举报，亦应当设立一定的惩罚机制以及处理反馈机制，确保举报机制的健康运行。

3. 确保有效沟通渠道的畅通、增强信任

设置合规举报部门或者委托第三方承担合规举报核查职责，畅通合规人员与所有员工以及企业合作伙伴之间的有效沟通渠道，即各种便捷、可行、有效、可以保密并能保护举报者隐私的举报渠道。畅通的有效沟通渠道可以增进员工对管理层的信任，进而对企业经营以及企业未来发展形成正面积极的推动和影响。

相应地，作为对接、查处、反馈举报情况的部门以及经办人员，企业应当以公开的明文规定赋予其享有直接向企业最高层汇报的权力，此举可以让举报人有足够的底气面对举报沟通，必要时企业高层负责人可

① 吴伟：《德国企业合规制度的特点》，载《人民法院报》2021 年 12 月 3 日第 8 版。

以亲自参与处理，增强员工对于举报制度有效运行的信心。

4. 设置针对举报制度的定期评估机制

合规举报制度与主动监督相呼应，因为每个人都是合规制度的参与者，当出现不合规事件时，通过内部人以及可能的合作伙伴的举报，合规监督部门主动发现问题并解决问题，属于被动监督制度。

通过定期评估可以核查合规举报制度是否有效实施，从出现不合规事件时有无举报、合规监督是否成为常态等角度核查，督促合规举报成为常态，才能保障合规体系的正常运转，而非制度摆设。

第六章

企业合规建设的有效性评价

合规可为企业创造管理价值、经济价值和社会价值。合规的有效执行可以增强企业合规生命力，提升企业合规执行的效果。合规工作的有效执行，一方面，可以提升企业依法合规经营管理水平，防范和有效控制重大合规风险，保障企业业务持续健康发展，增强市场竞争力；另一方面，可以保护企业声誉不受损，保护企业不因违法造成经济损失，提升企业在顾客、合作伙伴、员工、社会中的声誉。

本章将对企业合规建设的有效性评价展开阐释，第一节对企业合规管理评估的概念进行界定，第二节介绍企业合规管理评估的总体框架，第三节介绍企业合规的考核与评价方法。

第一节　企业合规管理评估的界定

合规的生命在于有效和执行，一个有效执行的合规计划才能带来收益，才能有效发挥预防违法违规行为、提高企业经营效率的效果。[①] 合规计划的有效执行可以提升企业依法合规经营管理水平，防范和有效控制重大合规风险，保障企业业务持续健康发展，增强市场竞争力。

一、企业合规管理评估的基本定义

合规管理评估对于企业形成合规管理长效机制和推动行业监管机制转变发挥着极为重要的保障作用。如何对企业合规管理的有效性开展评估，已经成为大家共同关注的问题。目前，对于企业合规管理评估的概念或定义并没有形成统一的观点。例如，在《合规管理体系 要求及使用指南》中，“管理评审（Management Review）”用以说明“最高管理者宜按计划定期评审组织的合规管理体系，以确保其持续的适用性、充分性和有效性”。在我国出台的其他几个有关合规管理的重要指引中也都表达了类似的要求，但是具体的概念和定义不尽相同。《中央企业合规管理办法》中提出“中央企业应当定期开展合规管理体系有效性评价，针对重点业务合规管理情况适时开展专项评价，强化评价结果运用。”《企业境外经营合规管理指引》中提到“企业应定期对合规管理体系进

① 李剑鹏：《合规执行四要点》，载《中国海关》2020年第8期。

行系统全面的评价，发现和纠正合规管理贯彻执行中存在的问题，促进合规体系的不断完善”。

总体来说，“合规管理评估”作为一个特定概念，一般是指企业根据相关要求，对合规管理体系在识别、防范和管理合规风险中所发挥的实际效用加以评判的行为。实践中，合规管理体系评估主要是指通过相关指标体系审查被评估单位的合规管理活动是否在规定的范围内、在正常的轨道上进行；监察和督促相关行为者是否忠实地履行合规管理责任，在评估过程中通过审核检查，对照法律法规和制度标准，揭露违规违法、判断合规管理体系缺陷和追究违规责任等。合规管理体系评估工作的核心是通过对公司的合规管理体系评审、反馈、再评审的过程，做出企业合规管理活动是否真实、合法，合规管理体系的运行是否有效的结论，发现并报告公司在合规管理体系建设与实施中存在的问题，提出改进建议，促进企业合规管理体系的完善。①

二、企业合规管理评估的责任主体

企业应秉持合规是自上而下的合规，从高层做起。合规是主动的而非被动的，应当全员主动合规。合规不只是成本，还是合规创造价值的精神和理念。企业全体部门和员工，是执行合规的责任主体，主动进行日常合规管控，负责业务范围内合规自查，向合规管理牵头部门提供合规风险信息，配合合规管理牵头部门开展合规风险监测和评估。企业基层员工要不断提高法律法规的学习能力，不断加深对企业规章制度的熟悉程度。

---

① 郭凌晨、丁继华、王志乐：《合规：企业合规管理体系有效性评估》，企业管理出版社 2021 年版，第 19~21 页。

合规管理牵头部门，组织、协调、监督各部门开展合规管理各项工作；对重要规章制度制定、重大事项决策、重要合同签订、重大项目运营等经营管理行为进行合规审核。

企业宣传部门要将合规纳入法治宣传内容，带领全员学习民法、刑法、劳动法、诉讼法等各项基础法律法规，同时也要学习与企业相关的法律法规，确保每一位员工知法懂法，在企业基层员工的业务工作过程中依法合规。通过组织法律宣传月、法律宣传周、安全教育日等形式多样的学法宣传活动，以及考试、讲座、知识读本、比赛等方式，营造企业良好的合规普法学习氛围，增强企业员工的合规意识，不断强化员工在工作中的合规执行力。

企业的审计、纪检监察（纪检监督）部门是合规管理的监督部门，在各自职权范围内履行合规管理检查监督职责，定期对企业的合规管理情况进行评估，结合企业业务实际，开展全面细致的合规风险点的排查和辨识工作。针对企业在合规执行过程中出现的合规问题进行分析研究，整理成企业内部的合规小手册，以此作为企业后期的学习资料。运用内控、审计等工作，加强对合规管理的监督检查。

企业合规是企业每一个主体的共同责任，与每一名员工息息相关，只有每一名员工在企业办理具体业务过程中遵守规章制度、行为规范和道德准则，养成合规的习惯，才能有利于企业稳定、持续地发展。

企业开展合规管理有效性评估是企业内部完善合规管理体系的重要手段，企业应通过评估发现问题、纠正偏差、改进机制，实现自我修复、自我发展。

《合规管理体系 要求及使用指南》提出“最高管理者宜按计划定期评审组织的合规管理体系”，并且说明了评审应考虑哪些内容，但是对于具体由哪个机构或部门来组织实施并没有说明。《中央企业合规管理办法》要求“中央企业应当定期开展合规管理体系有效性评价，针对重点业务合规管理情况适时开展专项评价，强化评价结果运用”。《企业境外经营合规管理指引》提出“合规管理体系评价可由企业合规管理相关部门组织开展或委托外部专业机构开展”。

由于企业合规管理有效性评估是企业合规管理体系的重要组成部分，董事会作为企业合规管理责任的最终承担者，由董事会牵头组织开展合规管理有效性评估是恰当的。当然，董事会也可根据需要，授权企业管理层组织开展评估。此外，对企业董事会和管理层承担独立监督职责的监事会也应有权牵头组织合规管理有效性评估的工作。

实践中，企业可以组织内部跨部门小组或委托外部中介机构来具体组织实施评估。在具体实施的过程中，企业应避免将实际的评估责任不合理地转移给合规部门或合规负责人，导致董事会、监事会或董事会授权的管理层只承担名义的组织责任，并不实际履行具体的组织协调工作。为防止出现上述问题，建议由各企业结合实际指定董事、监事或经营管理负责人担任内部跨部门小组负责人或作为配合中介机构开展评估的联络小组负责人，并在评估实施方案中对各相关主体应履行的职责作出明确、合理的界定。

三、企业合规管理评估的对象

企业管理评估的对象是企业合规管理的有效性。企业合规管理的有效性是指企业建立与实施合规管理对实现管理目标提供合理保证的程度，包括合规管理体系设计、运行以及实践效果的有效性。合规管理体系运行的有效性离不开设计的有效性，如果合规管理体系在设计上存在漏洞，即使这些合规管理制度能够得到一贯地执行，那么也不能认为其运行是有效的。在现有合规管理体系已经有效执行的基础上，还需要考虑合规管理在业务开展中是否收到了良好的效果，也就是需要对合规管理体系持续改进的有效性进行评估，才能保证企业合规管理实践的整体有效性。

合规管理体系设计的有效性，是指实现管理目标所必需的合规管理程序都存在并且设计恰当，能够为管理目标的实现提供合理保证。

合规管理体系运行的有效性，是指在合规管理体系设计有效的前提下，合规管理能够按照设计的程序正确地执行，从而为管理目标的实现提供合理保证。

合规管理实践效果的有效性，是指合规管理体系能够及时有效地发现不当行为、针对违规行为产生的原因进行分析、对违规行为所反映出的相关风险，转化至周期性风险评估的范围内，并且开展适当的补救和整改措施，针对合规管理体系的薄弱环节不断进行完善，同时，企业合规管理体系能够根据外部环境变化和内部自身需要持续改进，并发挥其应有的风险防控作用，进而最大限度地实现合规管理的目标。

第二节　企业合规管理评估的总体框架

企业在追求最佳经济回报的同时，总是会面临不确定性和风险。现实中，企业几乎所有的经济活动在一定程度上都会有风险，所以寻求绝对的保障是不现实的。企业的业务目标、监管水平和风险偏好需要相互平衡。基于风险导向的合规管理体系通常要求对企业的各类风险进行识别，并确定处置风险可用的资源，在此基础上建立一个设计合理、执行有效并可持续改进的合规管理体系，用以实现能够满足各项监管要求的合规管理目标。企业合规管理体系的适当规模和结构取决于其规模、性质、结构以及业务类型，同时还要根据业务发展、监管要求及其感知的风险变化不断地进行调整。因此，可以从以下几个维度去设计合规管理评估的总体框架。

一、合规管理评估的目标

企业开展合规管理的实质是在帮助企业实现价值最大化目标的同时，防控经营过程中的合规风险。合规管理评估则是对合规管理的监督和评价，其最终目的就是支持企业可持续发展目标的实现。因此，开展合规管理评估的目标应当是通过全面评价企业合规管理的健全性、适当性以及成效性，督促其进一步建立、健全有效的合规风险管理机制，培育优良的合规文化，提高合规风险管理水平和审慎经营能力。

二、合规管理评估的原则

企业合规管理评估应当遵循全面性原则、独立性原则和及时性原则。

企业合规管理评估应遵循全面性原则。合规涉及每个条线、每个部门，覆盖企业业务的每个环节，渗透到每个岗位、每名员工。合规规章制度是绳墨、是规矩，帮助企业部门和员工辨曲直、成方圆。企业合规管理评估应按照合规操作标准，制定具体的实操手册，整章建制，覆盖盲点。健全的合规约束体系下，良好的执行力和高频次的内外部检查让企业部门和员工更清晰地认识到风险点并加以规避，用行动贯彻“以合规为中心”的经营理念。

企业合规管理评估应遵循独立性原则。合规工作有其自身的条条框框，这些条条框框是“基准线”“高压线”，碰不得、摸不得，更不能超越，这是底线。合规在心、在工作、在生活，“不依靠别人制约，自己对自己监督”的理念可以帮助企业每位责任主体实现“要我合规”到“我要合规”的转变。独立的企业合规管理评估能更加纯粹地促进合规管理，摒弃不确定性干扰因素，实现企业合规管理从“他律”到“自律”的转变。

企业合规管理评估应遵循及时性原则。我国关于企业发展的法律法规与文件日趋完善，行业内的规章制度也日益精细，致使企业部门和员工在熟悉规章制度和规范操作方面的难度不断增大。企业需要充分考虑管理层以及基层员工的综合素质、理解能力以及工作实际等情况，及时组织开展合规制度梳理工作，通过组织培训、网络交流等多种方式，加强企业内部跨部门、跨领域的沟通协调，及时发现和解决合规执行中的各种问题。

三、合规管理评估的范围

企业的合规管理应当覆盖公司所有业务、各个分支机构、全体工作人员，贯穿决策、执行、监督、反馈等各个环节。合规管理不只是合规部门需要承担的责任，而是企业所有部门和全体人员共同的责任，合规管理不仅涉及某个环节，还应覆盖企业经营管理的全过程。与之相应，企业合规管理有效性评估的范围不应仅限于首席合规官和合规部门的职责履行情况，还应涵盖企业经营活动的全过程和所有业务、各部门、各分支机构、全体工作人员。从这个角度出发，企业需要定期开展全面的合规管理评估。此外，实践中企业还需要贯彻风险导向原则，不定期地开展专项的合规管理评估，重点关注合规风险的高发地带。企业的经营管理者需要在不同风险之间作出选择，管理风险的目标是降低剩余风险。管理资源的有限性决定企业开展合规管理评估时要提高针对性，有所侧重，根据企业的经营规模、综合化程度、业务范围、经营活动地域等方面的差异，有选择地确定重点评价范围和资源投入。合规管理评估应将重点放在评估企业合规风险管理计划的适当性以及对合规风险管理整体能力的研判上，同时从更高的视角查找问题，注重引导企业主动加强合规风险管理。因此，企业除开展全面性评估外，还可针对重大合规风险事项、特定业务与管理事项、特定部门、分支机构或子公司开展合规管理有效性专项评估。

四、合规管理评估的内容

合规管理评估的内容包括企业合规管理的现状、高层对合规管理的重视与支持、合规管理制度的建设、合规管理组织机构的建设、合规管理运行机制的建设、合规文化建设。

第三节　企业合规的考核与评价方法

一、企业合规有效性评价的实施

在合规管理体系落地过程中，由于合规文化尚不成熟，长效的合规机制还未形成，企业管理模式的优化需要及时、有效地反馈，故需要自觉开展合规管理评估，定期对落地成果进行分析，对重大或反复出现的合规风险深入寻找根源，完善相关制度，堵塞管理漏洞，以求持续地改进和提升。考核被认为是确保合规体系有效落地的控制措施之一，企业应当结合自身情况和价值观，将合规考核纳入企业整体的管理体系中，有效协调业务发展与合规管理的关系。

但合规管理中的考核不同于惯常理解中的人力资源部门对人员考勤、绩效方面的考核，合规考核需要有整体意识，重要的是激发企业的合规活力，形成有效管理的经验，在今后的生产经营中不断推广。

1. 考核的流程

首先，需要通过多种渠道了解合规实施现状，可以自查为主，外部排查为辅的形式进行，通过各部门主动汇报、考核部门实际考察、与相关人员谈话等方式进行自查，通过委托外部律师出具分析报告等方式进行外部排查，把握企业合规管理落地过程的实际情况和存在的问题，这一阶段尤其重要，需要保证收集到的内容的全面性和真实性。

其次，对收集到的内容进行整理、归纳，汇总分析后形成评价指标评分表，根据实际情况进行逐项评价打分。同时，在合规专项考核时注意分级原则。举例来说，业务前台与销售业务部门工作性质迥异，考核要求和关注重点也存在一定的区别。

最后，需要保证考核的透明度，将考核的评分标准、考核结果进行充分的公示与告知，对表现不佳的部门或个人进行约谈，对出现的问题召开专题会议进行讨论，对问题的改进情况进行跟进，保证整改效果。

2. 考核的方法

企业可以制定单独的合规考核机制，也可将合规考核标准融入总体的管理体系中。考核机制亦可以选择多种形式，如矩阵制、九宫格、计分卡等，对有重大合规贡献的员工和部门给予表彰和奖励，对存在合规问题的给予相应的扣分和处罚，企业可以在综合过往实践和员工意见后设置最方便有效的考核方法。

考核可分为自评和他评两部分，首先由各部门负责人主动汇报各部门的合规情况，其次由合规牵头部门组织专业合规管理人员对情况进行落实、评价。在集中研究合规落地过程中的合规风险，充分考察落地实施效果后，合规管理部门应当形成一份清晰的合规管理评价指标评分表，供后续常态化运行时的监督评价使用。合规管理评价指标应具有较强的普适性，从企业合规管理、合规流程、合规制度、合规文化等多个维度形成指标框架。

考核的内容上可以大体分为两个层次：一是生产经营行为符合法律法规和规范；二是防范合规风险的行为。围绕这两个层次，可以细分为四个方面，各有不同的侧重点：合规管理履职情况；受到监管处罚及扣分情况；违法违规及诉讼纠纷情况；其他加分扣分情况。

具体的考核内容可以由企业自己制定、展开，如合规管理履职情况，主要强调企业对于合规的态度，具体考核评价内容可以包括是否按照企业合规要求进行工作调整和整改，是否按照要求进行合规人员的配备，是否积极配合合规管理部门的工作，是否对员工进行合规培训及培训结果如何等。

合规管理部门需要严格按照法律法规等规定，对企业和员工合规行为进行客观评价和公正处理，应当在明确的职权依据和职责范围内独立行使职权，不受其他部门和人员干涉，建立及时纠偏纠错、奖罚分明、挂钩考核、上下信息交流贯通的合规运行机制。

3. 考核的路径

合规考核可以反映一定时期企业总体合规情况，并为企业不断提升合规管理效能、防范合规风险点提供参考，它不仅是合规管理体系落地阶段的重要环节，而且在今后长时间的合规管理体系中也将占有不小的比重，故合规考核需要一个不断深入的发展路径。

同时，合规考核与日常的绩效考核存在流程、操作上的相同之处，故可以与员工绩效考核制度进行有机结合，完善的绩效考核制度不仅包括对业务能力和成绩的考核，还应包括合规方面的内容，由于绩效关系到员工、部门的切身经济利益，能够更好地引起重视。

最初的考核是由主管考核部门负责的，但随着评价指标评分表的不断完善，考核内容不断充实后，最终要在全企业形成一个从“被动合规”到“主动合规”的过程，由具体的业务部门负责日常生产经营中合规状况的记录，培养其发现问题的意识，合规管理部门只需在必要时出面解决可能出现的棘手问题。内部考核将遵循合规管理部门总领、业务部门和员工积极配合的路径进行。

企业需要求各业务部门和员工定期通过合规管理评价指标评分表进行打分，明确自身所处的合规体系建设阶段，发现管理的薄弱环节，并据此制订下一步改进计划。合规考核应当避免传统的“上对下”的单一模式，企业根据自身的合规体系推进状况设计上下、左右等立体式的考核模式，以发挥合规考核的最大效用。

合规考核不能“三天打鱼，两天晒网”，时间是合规体系健全与否的最好检验，因此在最初的落地实施阶段就需有意识地将合规考核往常态化方向指引，让全体部门和员工把合规当作工作中不可或缺的一部分。

4. 考核的标准

合规与否看似是一个非黑即白的事情，只有合规与违规两种结果，但是进行合规考核并不是对企业的行为进行定性。合规考核实质上更多是倾向于风险防控，对存在违规风险的行为及时发现并予以引导，故而考核标准其实具有一定的灵活性，与企业的性质、规模、文化等有关，不存在一种统一的考核标准，而是需要企业结合自身情况不断细化改进。

总体来说，考核标准应兼顾设计和执行的有效性，通过判断相关合规管理对评价指标各组成要素的覆盖率、判断执行的及时性、流程的完整性、内容的符合性，对执行情况进行评价，综合设置指标分值，使企业的得分可以合理、有效地体现其合规管理水平。

考核结果应当经过严格的考核程序，并且需要经过公示。部门或个人对考核结果有异议的可以向合规部门申诉，都无异议后，合规部门可以对达到不同考核标准的部门或个人进行适当的奖惩措施，鼓励部门和员工不断提升自我，在工作中不断增强合规意识。

二、企业合规有效性评价的因素

1. 合规制度流程的健全程度

企业的规范化管理是企业一项重要的、具有周期性、需要持续进行的工作，而企业合规制度流程建设是企业规范化管理的一个十分重要的部分，企业各项工作的规范化管理水平则直接体现在合规制度流程的建设上，健全的合规制度流程将使得企业的合规管理井井有条、事半功倍，能有效地提升企业合规管理的工作效率与质量，如果企业未设立配套的合规制度流程或合规制度流程不完备，则企业的合规管理工作将是一盘散沙。

企业合规制度流程是否健全，是企业合规有效性评价的重要因素。健全的企业合规制度流程，应当至少包含以下几个方面。

（1）制度流程的全面性。企业合规制度流程应当能够涵盖企业规范化管理工作的全流程，包括但不限于企业合规风险的识别、企业合规风险的评估、合规管理部门和人员设置及相应的职责、企业合规管理的具体流程、企业合规管理的培训机制、企业合规风险的应对与处理、企业合规管理的改进措施、奖惩措施等；另外，从内容上来说，制度流程应当涵盖企业面临的税务、生产、环保、安全、大数据、劳动用工等各方面的合规风险。

（2）制度流程的合法性。制度流程的合法性应当包括两个层面：首先，制度流程应当符合现行法律法规的有关要求和规定，同时还要符合相关部门的监管要求；其次，由于法律法规以及相关部门的监管政策是不断发生变化的，因此企业内部的合规制度流程也不应当是一成不变的，应当随着法规政策的变化而及时调整。企业也应当在制度流程中设置必要的自查程序，定期检查更新制度流程的内容是否与现行的法律规定及政策要求相匹配，并及时进行修改完善。

（3）制度流程的适应性。制度流程的适应性也应当至少包括两个层面：首先，企业的合规制度流程不应当是脱离企业的实际经营情况而存在的，企业的合规制度流程可以适当地引进并借鉴国内外企业优秀的合规管理制度流程、经验、模式等，但应当避免直接将外部的合规管理制度流程“生搬硬套”，否则容易造成“水土不服”，与自身的实际需要或企业文化相冲突，因此企业应当因地制宜地构建符合自身实际发展需求、符合自身实际情况的合规管理制度流程，将合规管理的制度流程嵌入企业的方方面面，才能确保后续合规工作的顺利进行。其次，由于目前大多数企业均有着不同的合规管理要求，不同的合规管理要求向外延伸将可能导致不同企业之间发生碰撞，如不同企业之间的保密、个人信息保护等方面的合规要求不同，将可能影响不同企业之间的合作模式等，因此合规制度流程还应当考虑适应不同客户的要求，与业务发展需求相匹配。

（4）制度流程的实施与监督。制度流程的关键还在于能否落地执行，为此需要配备相应的监督或审计环节，对制度流程的具体实施进行全过程监管控制，如发生未按规定实施或实施错误的，及时进行纠错，确保制度流程的有效执行。

（5）制度流程的经济适用性。企业制定与实施合规制度流程，都离不开企业预算与成本控制，合规制度流程还应当与企业的经济实力相匹配，避免“小马拉大车”，合规制度流程实施过程若需要消耗企业过大的人力、财力，最终也会使得企业的合规管理工作难以为继。

2. 合规组织架构的健全程度

企业合规管理需要依靠每个员工、每个小组、每个部门、每个机构之间的互相协作，是一项从上而下贯穿企业全体的工作，与企业中的每一个人都息息相关。企业内部的每一个人都多多少少承担着企业合规管理的职责，只有每一个人、每一个部门、每一个环节均高效配合运作，才能保障合规工作的顺利开展。这就需要企业中的每一个员工都知道自己在企业合规管理中扮演着怎样的角色，找清自己的定位，并尽自己的全力做好企业合规管理工作；与此同时，企业的每个部门和机构也要清楚自身的职能与分工，才能让行政、风险控制、财务、审计、法务、业务等各个部门充分发挥本部门优势，企业上下齐心协力形成管理合力，最终将企业合规管理工作落实到位。故而，企业需要建立健全企业合规管理组织架构，以明确企业各个人员、各个机构的职责分工，企业建立的合规组织架构越完善、越健全，越能有效驱动企业合规管理工作的开展。

企业的合规管理必然不可能一蹴而就，其势必是一项漫长而浩大的工程，这同样需要企业搭建起合规管理的组织架构，并随着时间的推移不断进行完善、调整，通过长期建设健全的组织架构来承载起企业的合规管理工作，保障企业合规管理长期稳定地运行与发展。故，健全的企业合规组织架构是企业进行合规管理所必不可少的，不仅是企业合规管理工作的基础与前提，更是企业合规管理工作的重要保障，因此，企业合规管理是否有效，其中一项重要的评价因素就是合规组织架构是否健全以及健全程度。

健全的企业合规组织架构，应当至少包含以下几个方面。

（1）具备一定的独立性。首先，企业的合规管理势必需要管理层参与，也需要管理层决策，因此企业的合规管理应当能够直接通向管理层，确保管理层对企业合规管理的整体把控与信息畅通。其次，企业合规管理部门应当具有独立性，从而确保企业合规管理部门工作的公正性与中立性。

（2）分工配置的合理性。为了保障企业合规化工作高效、高质量地进行，企业需要统筹规划各职能部门、各人员的专业能力与优势特长，让专业的人去做专业的事，做到人尽其才、物尽其用，如由合规部门负责合规管理中与法律相关的事宜，由业务部门负责落实合规管理中与法律相关的事宜，可以选任具有审计经验的人负责监督及审计工作等，这样才能将企业中的个人和部门的优势最大化，更好地为企业合规管理工作服务。

（3）符合企业经营管理的实际需要，且成本合理。企业合规管理组织架构的设置，同样需要考虑企业的实际经营管理需要，合规组织架构需要与企业的经营管理模式、合规管理的需求等相匹配。此外，还需要考虑到企业合规管理的成本，合规组织架构的设置应当与企业的经济实力相匹配。

3. 合规培训推广的广度和深度

如果将企业合规管理比喻成企业预防抵御风险的一道“防火墙”，那么在构建起企业合规管理的流程及组织架构后，可以说企业合规管理已经建立起基本的框架。只有将企业合规管理的流程及组织架构深入贯彻到企业中的每一个部门、每一名员工，才能让企业合规管理真正落地执行，发挥其应有的作用。企业的合规管理离不开人的工作，需要每一个部门、每一名员工去实施执行，这也势必需要将合规管理的流程及组织架构等深深植入每一名员工的行为，需要每一名员工树立起合规管理的意识，同时知晓合规管理的每一个流程、每一项要求以及自己的职责，这就需要企业通过合规培训将企业合规管理的各项要求、流程等推广给企业的每一名员工。同时，要想真正做好企业合规管理的培训，还要兼顾合规培训推广的广度和深度，要让合规培训深入人心，避免流于形式。

首先，企业合规培训应当注重合规培训的广度，应至少包含以下几个维度：(1）培训对象的广泛性。企业合规管理离不开企业的每一名员工，因此，合规培训对象应当能够涵盖到企业的每一名员工。同时，合规培训也不应当仅仅停留在普通员工的层面，还应当将企业合规培训向上贯通至企业的高级管理层，只有这样才能让企业的合规管理与企业的决策、合规管理的流程及组织架构的建设相结合，也便于企业自上而下地及时进行合规管理的工作部署及调整。同时，随着企业合规管理的不断发展，合规管理将不单是企业的一种内部需求或要求，在一定程度上还需要企业外部的协作与配合，由此企业的合规培训将随着企业的合规管理要求逐步向外延伸，企业还应当考虑到合规培训对象是否需要延伸到企业外部或合作伙伴的相关人员。(2）培训方式的广泛性。随着信息科技的不断发展，人们接收信息的方式也不再像过去那么单一，逐步趋向于多元化，因此，企业合规培训的方式也应当与时俱进，应当提供多种类多维度的培训方式，以便于不同年龄段、不同需求的员工学习。企业可以根据自身的实际需要，结合员工的学习工作习惯，提供如微信、互联网、OA 办公系统、线下教学、书面等多种培训方式来拓宽员工合规培训的途径，让不同的员工能够匹配到适合自己的培训方式，从而在一定程度上保障合规培训的质量与效果。(3) 培训内容的广泛性。企业应当注意培训内容的广泛性，培训内容应当确保涵盖企业合规管理的全部内容，且应当具体完整，使得员工对企业的合规管理有整体、连贯的认识，避免个人与部门的合规管理工作相互割裂，也避免员工在实施合规管理工作时“只知其一，不知其二”。提高不同人员与不同部门相互协作配合的效率，保证合规管理工作在不同人员和部门之间的高效衔接和顺利开展。

其次，企业还应当注重合规培训的深度，让合规培训不只停留在表面，而是能够将合规管理工作的前因后果讲清楚、说明白，因此企业的合规培训至少包含以下几个方面。

(1) 合规管理的基本概念及原则。大多数人对企业合规管理究竟是一个什么样的工作缺乏认识，在不知道何为合规管理工作的情况下，企业合规管理工作只能是空中楼阁，更无从谈起具体实施合规管理工作。因此，合规培训首先应当将合规管理基本概念告知每一名员工，让每一名员工先清楚地知晓到底什么是合规管理。另外，企业还应当在合规培训中告知每一名员工合规管理工作的原则。任何企业的合规管理工作都不可能是没有任何漏洞、无懈可击的，企业建立起合规管理的流程和组织架构后，也势必存在规定不清楚或没有明确规定的情况，这就会给员工实施合规管理工作带来困难，因此，企业的合规培训中还应当明确合规管理的基本原则，一旦在合规管理过程中缺乏明确的规定，即可以通过基本原则来指导具体工作的进行，从而使得合规化工作能够顺利地进行。

(2) 合规管理的起源和发展现状。企业合规管理已经不是一个新概念了，从设立企业之初到企业发展到一定的规模，可以说企业的合规管理需求伴随着企业发展的各个时期。因此，在历史的发展过程中，不同的时期和不同的企业均已经验证总结出了不同的成功模式和经验，任何一个企业制定的合规管理流程及组织架构等，都不可能与现实和历史割裂，一定是在借鉴历史、借鉴其他企业成功的合规化经验的基础上，结合本企业经营发展的实际需要制定的。故而，企业的合规培训中应当包含合规管理的起源和发展现状，只有这样才能帮助每一名员工更好地理解企业合规管理的发展以及制定目的，才能引领企业合规管理工作更好地发展。

（3）合规管理的目的与价值。让每一名员工了解到企业合规管理工作的重要价值与意义，才能真正地激发企业合规管理工作的内在和外在驱动力，才能更有效率地完成企业的合规管理工作。同时，合规培训还应当明确合规管理工作的目的，从而以目的为导向，让每一名员工的行动更有针对性与向心力，让每一名员工的工作最终凝聚组建成企业合规管理大厦。

（4）合规管理的具体内容。合规培训应当清楚地告知员工合规管理的具体流程及组织架构，即合规管理应当干什么、应当怎么干，包括但不限于合规管理体系的构建、合规管理工作的具体内容、合规管理的难点与重点、合规风险的识别、合规风险的管控、合规风险的应对等。

（5）合规管理的监督与奖惩机制。企业合规管理工作离不开外界的监督，以确保合规管理工作能在正确的道路上开展，因此合规培训中还应当明确合规管理工作的外部监督制度，让合规管理工作有序、可控地进行。同时，合规管理工作势必将伴随着一定的奖惩机制，当员工对合规管理工作有突出贡献或通过合规管理工作有效预防化解风险，企业将对特定人员给予相应的奖励；企业合规管理工作出现重大失误、漏洞的，对相应的失职人员则进行必要的惩罚。故而，企业应当在合规培训中明确奖惩规则，以激励或警示员工，从而更好地促进企业合规工作开展。

4. 合规制度流程被员工所知晓的程度

企业合规管理的制度流程最终需要深入贯彻到每一位员工，才能确保企业合规管理工作真正被有效执行，否则企业合规管理制度流程建设得再好，都只能沦为一纸空谈，因此企业合规管理的有效性还需要考察企业合规制度流程被员工所知晓的程度。

企业合规管理制度流程被员工知晓的程度，应至少包含以下几个层面。

(1) 第一个层面主要强调员工应当对企业合规管理工作有整体基本的认知，即员工对企业合规管理是否具有基本了解。企业的高级管理层和中基层员工是否了解企业合规管理的基本知识、是否了解企业合规管理的基本框架、是否掌握企业合规管理法律政策的基本内容、是否了解企业合规的价值和重要性。

(2) 第二个层面主要强调员工应当知晓企业为什么合规、为什么这样合规，即员工对企业合规管理是否有进一步的深入认识。企业的高级管理层和中基层员工除了对企业合规管理工作有基础性认知的情况下，是否知晓企业的合规管理的发展趋势、企业合规管理制度及流程制度的由来、原因等。

(3) 第三个层面主要强调员工应当对合规制度流程有清晰的认知，并在一定程度上能积极地参与到企业的合规管理工作当中，且正向地推动企业合规管理发展与建设，即员工对企业合规管理是否有清楚明确的认知。企业的员工是否能够清楚地知晓并理解企业的合规管理制度及流程、组织架构、奖惩规则、监督机制等，是否能够整体地理解企业合规管理体系的设置，能否在一定程度上帮助企业更好地构建合规管理体系，推动企业合规化建设。

5. 合规案件的发生趋势

企业的合规管理流程及组织架构建立与实施后，企业合规管理工作到底是否有效，还需要通过实践的检验，即企业经营发展的过程中是否有风险产生，其中最为突出的表现即是否有合规案件发生，以及合规案件近年来发生的趋势。因此，企业合规有效性评价的因素之一为合规案件的发生趋势。

通过企业合规案件的发生趋势来评判企业合规管理的有效性，应当至少考虑以下几个维度。

（1）合规案件的发生是否呈下降趋势。企业合规管理工作有效的重要表现之一为合规案件的发生呈下降趋势，如果合规案件的发生趋势呈现连年上升，则在一定程度上意味着企业合规管理工作不能有效地管控企业经营发展中的风险，不能与时俱进地适应企业的发展需求，同时也在一定程度上反映出当企业暴露出合规风险时，没有及时地进行完善或修补漏洞，或缺乏相应的纠错机制，导致合规案件的不断发生，这也能够验证出企业的合规管理制度流程尚不完备，缺乏有效性。

（2）要全面地、整体地看待合规案件的发生趋势。虽然合规案件的发生呈下降趋势，在一定程度上代表着企业合规工作能够行之有效地管控风险，但企业也不能只片面地追求降低合规案件的发生趋势，而企业合规案件发生呈上升趋势，也并不一定意味着企业合规管理工作存在漏洞。例如，企业新爆发的合规管理案件属于不同于以往的新型案件、企业因特殊原因集中在当年度爆发某一类型的合规管理案件等。因此，当企业合规案件的发生呈上升趋势时，企业应当理智地分析案件的发生原因及类型，来综合评估考虑企业在合规管理工作中是否确实存在缺陷，避免盲目地、片面地评价企业合规工作的有效性。

（3）企业可以结合自身的实际管理需求，制定相应的合规案件发生率标准，并随之调整，从而更行之有效地对合规管理工作进行评价。不同企业的合规管理要求及标准不同，也将势必导致不同企业合规有效性评价标准的不同。因此，不同企业可以结合自身的实际发展需求与管理要求，制定相应的合规案件发生率标准，明确合规目标，争取将合规案件发生率控制在相应的指标之内，以此来更好地把控合规工作的开展，并能更清晰地评价合规管理工作的有效性。

6. 合规案件的处理流程和结果

任何一个企业都不可能确保百分之百的合规。每一个合规案件的发生，在一定程度上都会暴露出企业在合规管理中存在着一定的风险与漏洞，需要企业去不断地更新、修补、完善，如果一个企业没有明确的合规案件处理流程，将会导致企业在暴露出合规风险时不能及时有效地应对处理风险，合规管理工作将是一团乱麻，如果一个企业没有及时采取有效的措施去解决完善，那么合规案件中暴露出的风险将永远不会得到解决，这也势必意味着企业的合规管理不能有效地管控应对企业风险。故，企业合规案件的处理流程和结果也是企业合规有效性的一项十分重要的评价因素。

完善的合规案件的处理流程应当至少包括以下方面。

（1）明确合规案件处理的分工。当企业内部有合规案件发生时，应当有明确的案件处理分工，且案件处理分工可以由多个部门联动并应当考虑有效发挥各部门、各员工擅长工作的原则。例如，在案件事实收集方面，因为业务部门较为熟悉具体的事实情况和交易背景等，可以由业务部门主要负责；在案件的违法性评估方面，由于合规部门对于相关的法规政策较为熟悉，可以由合规部门负责；在案件追责阶段，可能涉及相应的人事及纪律处理，可以由相应的人事或纪检部门负责。

（2）案件的防控流程。在合规案件处理流程中，首先应当有明确的案件防控流程，应当确定专门的部门和人员实行风险专项整治和风险排查，强化监督检查，优化风险防控流程与防控手段，来防控合规案件的发生。

（3）案件的处置流程。在企业合规案件发生之前，企业应当建立对合规案件的应急预案，当有紧急的合规案件发生时能够有效地及时应对，避免合规案件给企业进一步造成更大的负面影响；同时，当企业的合规案件发生后，企业应当迅速组织摸排案件情况、确定涉案人员、及时追索控制涉案资金资产、排查其他潜在风险、及时报送合规案件信息、根据企业合规管理制度流程对案件进行评估处置等，过程中应当有具体明确的流程及时限等。

（4）案件整改流程。在合规案件处置完毕后，应当具有完善的案件整改流程，及时填补完善相应的漏洞。对于合规案件结果的处理，应当至少包含以下几个方面：①对案件中暴露出的风险进行及时整改。企业应当及时剖析案件成因、暴露出的合规管控缺陷和问题，积极进行整改，并对整改结构进行验收。②合规案件通报。企业可以将相关合规案件进行整理通报，在全企业层面进行公示，从而达到一定的警示预防作用。③责任的认定与追究。要对合规案件中涉案人员的违法违规行为进行严肃的追究与问责，严格贯彻落实企业合规管理制度与流程中的奖惩规则，用落地的措施在全企业层面树立合规管理工作的红线意识。④案件档案制作及保管。在合规案件处理完成后，应当就整个合规案件的全部过程中形成的文字、音频、视频、图片等资料建立档案，并进行妥善保管，以便于后续合规管理工作的总结与回顾。

第七章

企业合规建设的改进

企业的合规义务大体可分为三个层级：约束力最强的法律法规、约束力偏弱的内部规定、约束力更弱的道德规范。然而约束力的强弱是相对的，无论触犯了哪一类行为规范，都有可能对企业造成负面影响，引发合规风险。合规风险与企业生产经营过程中的其他风险有一定不同，合规风险相较而言具有一定的确定性，合规风险所指的行为目标是相对明确的。法律法规的强制性规定也好，企业自己制定的规章制度也好，都是明文规定，且大多规定了违反义务的后果。

坚持全面依法依规治企并强化管理，聚焦重点领域、重点环节、重点人员，强化全员参与、综合覆盖、上下联动、全程管控，明确企业合规建设的总体规划、顶层设计，以试点企业、试点业务条线为基础，以点带面、从线到面、以面带全，有计划、分阶段、有重点、有方法地推动合规要求进一步融入现有合规体系、制度流程、岗位职责。同时，进一步明确内控管理、合规管理、风险管理、内审监察等企业管控体系、制度、流程的区别与联系、个性与共性，确保合规工作有高层重视、有部门负责、有专人落实。本章阐释企业合规建设的改进，第一节论述企业合规建设改进的必要性和难点，第二节论述企业合规建设改进的宏观方向，第三节论述企业合规建设改进的方法和路径。

第一节　企业合规建设改进的必要性和难点

一、企业合规持续性改进的必要性

1. 外部监管环境的变化导致企业合规管理体系须进行相应的调整

由于任何一个规章制度，包括法律本身均具有一定的滞后性，这也就决定了任何一部法律包括企业的规章制度，均不可能一经制定，就永远适用。因此，不但企业的合规管理体系需要进行更新和变化，外部的法律和监管环境亦会随着社会生活的更新变化而进行相应的变化，如当下由于互联网几乎渗透到人们生活的每一个角落，不少国家和地区颁布了关于个人信息保护方面的法律。这类法律的出台，则给企业的合规带来新的要求和挑战，企业就必须制定相应的规章制度以及流程去满足法律的要求。

由于企业合规管理的范畴越来越广，所涵盖的事项和层面也越来越多，从传统的反商业贿赂到现今企业的各个治理层面都被纳入合规管理的体系和范畴中。这样与合规相关的法律也就越来越多、越来越繁杂，任何一个外部监管环境或者相关法律政策等的变动，都会导致企业的合规管理需要进行相应的调整。同时，我们正处在一个飞速发展和变化的时代，新的交易模式和法律关系层出不穷。外部法律环境的变化亦较之前的时代更为迅捷，这也就意味着企业的合规管理不可能做到一劳永逸，亦须根据外部监管环境的变化作出相应的更新。

2. 企业合规规章制度可能与企业的实际情况不符

企业合规管理并不是静态地制定一些规章制度而已，要实现企业的合规管理乃是一个需要从规章制度的制定，到规章制度中所述及的事项的出现，按照规章制度中规定的行为后果予以实现等的全流程。而在这个过程中，企业将会发现一些规章制度或者政策流程与实际的情况可能并不相符，加之许多企业制定的合规规章制度是照搬其他企业，很有可能与本企业的实际情况并不相符。这也就导致许多企业的合规规章制度无法实施，只能束之高阁，只在应付外部检查或者是客户要求的时候，向其出示了之。这种做法本身就背离了企业合规管理的本意，无法起到合规的真正效果。正确的做法是，企业在落实相关的合规政策和流程中，发现政策或者流程与企业的实际情况不符时，应首先考虑是否可以通过对现有的规章制度作出相应的解释或者出台一些辅助的流程来予以解决，如果无法通过上述途径予以解决，则考虑是否需要对规章制度进行更新。

3. 发现企业的合规风险和漏洞本身就是企业进行合规管理的内容之一

企业的合规制度的治理者，通常无法了解企业在业务经营中所面临的所有风险，抑或无法发现所有的违反合规制度的行为。这就要求企业建立“吹哨人”制度，以便能够及时地发现和处理所有的违反规章制度的行为。在企业接受处理投诉行为的时候，亦会发现一些新情况、新问题。依靠现有的合规管理体系可能无法对新发现的情况和问题进行有效的治理，此时可能亦需对相应的规章制度进行更新以处理这些新发生的情况和问题，而这本身也是企业合规管理的一个重要部分，即发现企业合规存在的漏洞和风险，并根据发现的风险问题，制定行之有效的防控措施。

4. 企业业务模式或者经营活动的变化

在当下这个迅速变化的时代，企业的业务模式或者经营活动亦会发生许多的变化。例如，企业引进新的交易模式，如从传统的门店销售转变为门店与网上销售相结合的销售模式。又如，企业引进新的工作方式，如以人脸打卡代替传统的机器打卡等。再如，企业通过投资并购等行为，为企业带来了新的业务和经营模式等。如此种种的变化亦会导致企业的合规管理需要进行相应的更新和变化以应对业务模式和工作方式的变化。

从以上论述可以看出，企业合规管理体系由于其内在本质和外在环境等因素的影响，而导致企业合规管理体系在制定后需要进行更新，在某种程度上成为一种必然。当然，企业在制定合规管理体系的时候，应该尽量发挥规章制度的预见性这一特点，制定的规章制度应当尽量地囊括现有的和可以预见的将来会发生的一些事项和活动，从而尽量地减少合规管理修改的频次。此外，在制定合规管理体系的时候亦应当注意繁简结合的模式，对于那些比较确定的活动或者事项，可以尽量规定得详尽一些，而对于那些现阶段无法确定的事项，则可以采用抽象的方式规定相关原则，以便日后具体的情况明确后，再进行小范围的修改和调整，而不至于将整个规章制度推倒重来。

二、企业合规持续改进的难点

目前，许多的企业可能并没有合规管理方面的建设，或只停留在仅建立一个合规制度上，并没有设置专门的人员负责合规事务。因此，其合规管理有较大的提升空间，但是一方面由于企业在人员、资源配备等方面的不足；另一方面由于合规事项的过于庞杂，导致企业合规管理的持续改进存在较大的困难。

1. 缺少专业充足的人员和资源

由于合规的一个重大功能就是防控风险，而风险本身的紧急性、不确定性又有不同，且合规所防控的风险通常属于难以确定的风险，通常连紧急程度都是难以确定的。因此，许多的企业对于如何防控这些高度不确定的风险，应该投入多少资源等也不确定。故此，企业通常也很难对合规投入较多的资源。许多企业并未专门设置合规部门，通常是由法务或者风控部门承担合规的职责。如此就导致了两个困境，一是相关人员没有充足的时间来处理合规事务，维护好企业现有的合规体系实属不易，很难再要求其针对外部合规监管环境的变化和内部新发生的合规事项进行快速有效的反应；二是鉴于合规事项不同于法律事务，由法务或风控部门兼职负责企业的合规事务通常在合规的专业性上会稍有欠缺，因此亦难以及时把握合规的新动向和企业需要更新的事项。

另外，由于合规与企业自身的经营模式、企业所在的国家和地区、企业的业务流程等有着紧密的联系。因此，一般的外部机构对于企业本身的了解有限，在给企业提供相应的合规改进咨询时，有如雾里看花，制订的合规改进方案存在隔靴搔痒的弊端，因此通过合适的外部机构为企业提供行之有效的合规管理更新方案，亦存在某些不足。

2. 企业合规的范围太过庞杂

如前文所述，如今企业合规的范畴已从传统的反商业贿赂，扩充到企业治理的方方面面，所涉及的事项涵盖企业治理的多个层面，因此涉及的监管部门、监管政策等比较复杂。如此，无疑会给企业合规管理体系的持续改进带来较大的挑战。

第二节　企业合规建设改进的宏观方向

一、投入适当的资源处理合规事务

企业合规资源的短缺是造成企业合规事务难以得到有效处理的原因之一。因此企业如若需要达到合规的有效治理，则需要在合规事务上投入更多的人力、物力。许多的监管机构亦将企业在合规资源上的投入，作为评估企业是否有健全合规措施的一个指标。但是一些规模较小的企业可能客观上难以做到，因此企业就需要对合规风险进行分类，制定相应的优先级，将有限的合规资源用于防控那些风险最高、发生概率最大的风险上。

二、对于风险进行分类管理，做到有的放矢地防控风险

企业面临的合规风险众多，而每一种合规风险对于企业的影响均有不同。例如，企业员工实施商业贿赂的风险可能会招致监管部门的天价罚款，而员工实施虚假报销的行为，则通常侵犯了企业的财产权，对企业的影响可以预见。另外，每一种合规风险对于不同企业的发生概率亦有区别。例如，某社交媒体互联网公司的数据保护义务高，发生信息泄露的概率较大，要投入较多的资源进行这一方面的合规风险防控，保障用户个人信息安全，相对而言，某能源公司的主营业务是天然气、石油

等资源，发生信息泄露的概率较小，相应地，进行这一方面合规风险防控所需投入的资源较少。不分主次，面面俱到，反而会导致企业无法针对本身面临的风险进行有的放矢的防控。

如何甄别和发现企业面临的最紧迫的风险呢？通常的步骤是，首先确定企业面临的所有风险；其次按照风险对企业可能造成的影响进行分类，如将风险划分为危急、重大、一般、轻微等。另外，针对企业发生上述风险的概率进行评估，如将发生的概率划分为高、中、低等，甄别出那些风险影响大且发生概率高的风险；再次对照企业现有的防控措施，评估企业针对这些影响重大且发生概率高的风险是否有充分的防控措施，以确定企业亟须解决的合规漏洞；最后针对这些紧急的合规问题，制定行之有效的防控措施。

三、适当地借助外部资源

企业在充分利用自身合规资源的时候，可以适当地借助外部资源帮助企业建立健全其合规措施。他山之石，可以攻玉，外部的合规资源往往在经验和专业度上具有一定的优势，企业在进行合规持续改进的时候，应当借助外部合规资源帮助企业识别相应的合规风险，制定行之有效的合规风险防控措施。借助外部资源的合规专业优势，结合内部资源对于企业经营业务熟悉的优势，实现对于企业合规管理的持续改进。

因此，对于企业合规管理的持续改进既是企业外部监管条件的要求，亦是企业实现持续发展的内在治理要求。企业应当充分地结合内外部的合规资源，识别企业合规管理持续改善的需求，采用行之有效的持续改善路径，以实现企业合规管理的持续改善。

第三节　企业合规建设改进的方法和路径

一、发现待改进的合规事项

如前文所述，企业合规需要持续改进有多种原因，既有外部的监管环境等的变化导致企业合规管理需要进行更新，又有企业内部的客观情况发生变化，导致企业需要相应地更新合规管理体系的情形。要进行有效的合规管理体系更新的前提是，企业需要发现这些变化。通常企业内部事项的变化，对于企业来说能够很直观地感受到，并由此很快地制订出相应的方案来。但是对于企业外部的法律环境的变化，企业或许能够知晓法律发生了变化，但是究竟哪些方面发生了变化，对于企业的合规管理体系提出了哪些新的挑战和要求，一些企业可能无法及时地作出响应。尤其是许多企业并没有专门的合规官处理合规事务，乃是由企业的法务或者是风控部门的人员兼任合规职务，他们同时还负责多种类型的其他法律事务。因此客观来讲，他们无法对于任何一种新生的法律事务或者是更新变化的法律规定进行详细的分析和研究。如此，企业可能需要借助外部机构的专业性，给企业的合规管理体系的更新提出建议。

因此，企业合规管理持续进行更新的需求，按照来源通常可以分为两类。一为外部法律环境变化而引致的企业的合规管理更新的需求，对于这种引致企业更新其合规管理体系的因素，要求企业对于外部的变化保持关注，并通过定期地与相关的外部专业机构进行沟通等途径，确保企业可以及时知晓外部法律环境，对企业合规管理提出了要求和挑战。二为企业在落实合规管理的过程中发现的新情况和新事项。例如，举报人向企业举报的未曾被企业注意到或者发现的合规事项，或是企业在合规调查中发现的不合规事项等。对此，一方面，要求企业在落实合规管理的过程中，应当尽量地保证举报渠道的畅通，收集和发现所有的合规问题。另一方面，外部会计师事务所对于企业出具的审计报告，亦是企业发现自身问题或者风险的一个重要途径。

不但如此，一些国家的法律还要求企业聘请专门的审计机构对于企业合规管理体系的风险进行评估，并制定相应的评估报告，以验证企业合规管理体系的有效性，并对企业的合规管理提出相应的要求。

以上为企业发现自身合规风险的常见途径和手段，而所有的这些对于合规管理更新的需求，无论是来自外部的法律环境的变化导致的需求，还是企业内部新发现的事项导致的需求，均应移交合规管理团队，由其决定如何实施具体的合规管理体系的更新。

二、分析待改进的事项

合规管理团队在收集到所有的需要更新合规管理体系的需求时，应当对照现有的合规管理体系和相应的更新的需求，作出相应的分析，以确定企业为应对此类风险或者问题，应当采取的措施和行为，确定哪些合规管理体系需要修改，以及如何进行修改，并制订初步的修改方案，必要的时候可以聘请相关方面的专家对企业面临的合规风险和问题，以及企业现有的合规体系进行诊断，以更加科学和专业的方式制订改进方案。

三、制订改进的方案

企业在分析了企业合规管理需要改进的需求后，须针对具体的需求制订较为详尽的更新方案。通常合规管理体系的改进不仅限于规章制度的更新，很多的时候亦伴随着许多其他方面的措施的更新和巩固。例如，一些企业针对一些风险和漏洞制定了相应的规章制度，但是却没有积极地进行宣传和培训，导致一些员工对于企业相应的规章制度并不知晓；另外一些企业发现相应的规章制度在实践中并没有进行相应的落实，如对于一些违反合规政策的员工并没有进行相应的调查和处理；还有一些企业对于相应的不合规的行为或者风险点，并没有制定相应的规章制度，导致在实践中无法对相应的行为或者事项进行调整和规制。针对前两种情况，企业只需在日常的工作中加强对于合规的宣传和落实即可。而对于第三种情况，即企业的合规管理体系与法律的要求或者企业面临的实际情况存在差距，则需要从制度的层面进行相应的更新和修改。

此时企业的合规管理体系更新团队，亟须制订相应的更新方案。然而在制订更新的方案时，须通盘考虑企业目前面临的更新需求，既不能一发现需求就立马对于合规管理体系进行更新，如此将会损害规章制度的稳定性；亦不能将对于合规管理体系进行更新的需求无限期拖延，如此可能造成企业的合规制度严重滞后，与外部的法律要求不符，抑或与企业的实际业务相脱节。此时则应按照相关需求的紧急程度，以及对企业的影响大小进行分析。对于那些对企业的经营存在重大影响的紧急需求，则可能需要尽快启动更新流程，以避免此类风险给企业造成损失。而对于那些影响较小、非紧急的事项则可以在企业定期的政策或者流程更新时一并进行更新。通常情况下，企业可以以每两年为一个周期，对于自身的合规管理体系进行分析和更新。

在企业制订具体的合规管理体系更新方案时，应当充分地发挥规章制度的可预见性特点，不能陷入“头痛医头，脚痛医脚”的窠臼之中，而应当整体地考虑企业现有的治理体系，以及当前面临的事项和在可预见的将来会出现的事项，制订相应的更新方案，以确保制度的稳定性。同时，须注意待更新的合规管理体系与现存其他相关政策是否冲突，避免制定出与其他政策相冲突的合规管理体系。亦须对于合规管理方案进行整体的“合规审核”，即合规管理体系本身亦须接受相应的合规审核，确保企业的合规管理符合法律和外部监管的要求，当然此时企业可以适当地考虑引进外部的专业机构，协助企业对待更新的规章制度进行合规性审核。

四、企业合规持续改进的落实主体

在企业进行合规持续改进的过程中，企业应当充分地考虑相应的落实主体。通常情况下，企业的合规团队应当在企业的合规持续改进项目中扮演主导的角色。合规团队一方面应当对外部法律监管环境的变化保持敏感，及时获取外部法律环境变化给企业合规带来挑战的信息；另一方面应当及时汇总企业内部发现的合规风险和问题，并初步制订相应的改进计划和方案。

当然，企业的管理层、业务团队、人力资源团队、财务团队等都在企业的合规管理持续改进中发挥着重要的作用。业务团队、人力资源团队、财务团队等在日常工作中，可能都会遇到一些合规问题和风险，很多时候他们可能直接就站在风险的最前线，对于风险的相关情况最为了解。因此，合规团队应当注重与上述团队的沟通和交流，了解企业究竟面临着何种的合规风险，企业目前针对风险采取的应对措施是否充分，是否需要采取其他的防控措施，避免“闭门造车”。此外，管理层的支持亦是企业进行合规持续性改进的根本，离开管理层的支持，合规管理的持续改进亦无法顺利进行。因为许多合规政策和流程的出台，从短期来看，可能会给业务团队的工作增加一些流程，进而增加业务团队的工作量。例如，企业出台商务招待政策要求员工在向客户提供礼物的时候需要进行预先审批，如此就使业务团队同事赠送礼物的流程变得更烦琐了，如果不能获得领导层的支持，可能导致该政策在实践中无法得到执行。因此，只有企业的合规团队积极地对外部的监管环境和内部的合规事项作出迅速的反应，并与管理层和其他部门的同事紧密合作方可实现企业合规管理的持续改进。

图书在版编目（CIP）数据

企业合规建设读本 / 全国普及法律常识办公室组编
.—北京：中国法制出版社，2023. 5 (2023.7重印)
（全国“八五”普法统编读本）
ISBN 978-7-5216-3549-2

Ⅰ. ①企… Ⅱ. ①全… Ⅲ. ①企业法-中国-学习参考资料 Ⅳ. ①D922. 291. 914

中国国家版本馆 CIP 数据核字（2023）第 082941 号

策划编辑：黄会丽　　责任编辑：白天园

企业合规建设读本

QIYE HEGUI JIANSHE DUBEN

组编/全国普及法律常识办公室
经销/新华书店
印刷/三河市紫恒印装有限公司
开本/710 毫米×1000 毫米　16 开　　印张/ 14. 75　字数/ 200 千
版次/2023 年 5 月第 1 版　　2023 年 7 月第 2 次印刷

中国法制出版社出版
书号 ISBN 978-7-5216-3549-2　　定价：58. 00 元

北京市西城区西便门西里甲 16 号西便门办公区
邮政编码：100053　　传真：010-63141600
网址：http：//www. zgfzs. com　　**编辑部电话：010-63141792**
市场营销部电话：010-63141612　　**印务部电话：010-63141606**

（如有印装质量问题，请与本社印务部联系。）